Fundamentos de Redes Neuronales 1

Jesús G. Castillo

Reinventors Republic.

Contenido

Introducción 7

Capítulo 1: Introducción a las Redes Neuronales 9

    Analogía con el funcionamiento del cerebro humano para una mejor comprensión 20

    Breve historia y evolución de las redes neuronales en la informática. .. 23

Capítulo 2: Conceptos Básicos de Machine Learning 26

    Introducción al aprendizaje automático (machine learning). 26

    Conceptos Básicos del Aprendizaje Automático 26

    Importancia y Futuro del Aprendizaje Automático 29

    Tipos de aprendizaje: supervisado, no supervisado y por refuerzo. 30

    1. Aprendizaje Supervisado 30

    2. Aprendizaje No Supervisado 31

    3. Aprendizaje por Refuerzo 32

    Concepto de datos de entrenamiento y conjunto de pruebas. 34

    Importancia de los Datos de Entrenamiento y Pruebas 36

Capítulo 3: Neuronas Artificiales 37

    Descripción detallada de la unidad básica de una red neuronal: la neurona artificial. 37

    Componentes de una Neurona Artificial 38

    Funcionamiento de una Neurona Artificial 40

    Ejemplo de Neurona Artificial 41

    Funcionamiento de una neurona: entrada, función de activación y salida. 41

    Funciones de Activación en Neuronas Artificiales: 42

- Fórmula de la Función Sigmoide: 45
- Fórmula de la Función Softmax: 48
- Importancia de las Funciones de Activación: 49
- Función del Sesgo (Bias): 50
- Características del Sesgo en Estadística: 50
- Ejemplos de Sesgo en Estadística: 50
- Funcionamiento de una Neurona Artificial 51
- Ejemplo de Funcionamiento de una Neurona 53
- Cómo una neurona artificial puede realizar una tarea sencilla 54
- Ejemplo: Neurona para Clasificación de Aprobación de Examen 54

Capítulo 4: Redes Neuronales Feedforward 57

- Redes neuronales feedforward, también conocidas como perceptrones multicapa. 57
- Estructura de una Red Neuronal Feedforward 57
- Funcionamiento de una Red Neuronal Feedforward 59
- Estructura y funcionamiento de las capas de una red neuronal feedforward. 63
- Funcionamiento de las Capas de una Red Neuronal Feedforward 65
- Entrenamiento de una red neuronal mediante retropropagación (backpropagation). 66

Capítulo 5: Redes Neuronales Convolucionales (CNN) 70

- Introducción a las redes neuronales convolucionales y su aplicación en visión por computadora. 70
- Estructura de una Red Neuronal Convolucional (CNN) 71
- Funcionamiento de una Red Neuronal Convolucional (CNN) 72
- Aplicaciones de las Redes Neuronales Convolucionales (CNN) 74

Capítulo 6: Redes Neuronales Recurrentes (RNN) 75

- Explicación de las redes neuronales recurrentes y su capacidad para procesar secuencias de datos 75

Estructura de las Redes Neuronales Recurrentes (RNN) 75

Funcionamiento de las Redes Neuronales Recurrentes (RNN) 76

2. Retropropagación del Error (Backpropagation Through 77

Concepto de memoria a corto plazo (LSTM) y memoria a largo plazo (GRU). 79

Aplicaciones Prácticas 82

Aplicaciones de las RNN en procesamiento de lenguaje natural y traducción automática 82

Concepto de Convolución y Pooling. 86

1. Convolución 86

2. Pooling (Aglomeración) 87

Ejemplos de aplicaciones prácticas de CNNs, como reconocimiento de imágenes. 89

Beneficios y Avances 91

Capítulo 7: Aplicaciones y Ejemplos Prácticos 92

Ejemplo: Clasificación de Frutas con una Neurona Artificial 96

Función de Activación (Función Sigmoide): 97

Ejemplo: Clasificación de Aprobación de Examen con una Neurona Artificial 99

Clasificación de Aprobación de Examen: 100

Ejercicio 1: Suma Ponderada 102

Ejercicio 2: Suma y Sesgo 104

Ejercicio 3: Producto de Valor y Peso 106

Ejercicio 4: Suma de Productos 107

Ejercicio 5: Salida con Valor Esperado 108

Ejercicio 6 : Cálculo de la Entrada Total z 109

Ejercicio 7: Suma Ponderada y Sesgo: 112

Ejercicio 8: Cálculo de Entrada Z 113

Ejercicio 9: Cálculo de Entrada Z. 114

Ejercicios de Función de Activación Escalón: 115
Ejercicio 10: Activación tipo Escalón. 115
Operación AND con Neurona Perceptrón 117
Evaluación de la Salida: 119
Ejercicios de Operación AND con Neurona Perceptrón: 122
Ejercicio 11: Operación Lógica AND. 122
Funcionamiento de la Neurona: 123
Implementación en Python: 123
Operación OR con Neurona Perceptrón: 126
Ejercicio 12: Operación Lógica OR con Neurona Perceptron. 127
Implementación en Python: 128
Operación NOT con Neurona Perceptrón 132
Implementación de Operación NOT: 132
Ejercicio 13: Operación NOT con Neurona Perceptrón: 134
Funcionamiento de la Neurona para la Operación NOT: 135
Implementación en Python: 135
Combinaciones Lógicas (XOR): 137
Neurona Perceptrón y Operaciones Lógicas Básicas: 137
Implementación de la Operación XOR: 137
Implementación de la Red Neuronal para XOR: 138
Funcionamiento de la Red Neuronal XOR: 138
Ejercicio 14: Combinaciones Lógicas (XOR): 140

Ejercicio: Operación Lógica XOR con Red Neuronal 141
.... 141

Solución con Neurona Perceptrón (Una Capa) 141

Necesidad de Capas Ocultas 143

Aprendizaje con Descenso de Gradiente: 144

Aprendizaje con Descenso de Gradiente: 147

Ejercicio 15: Entrenamiento de una Red Neuronal con Descenso de Gradiente 147

Función de Pérdida y Optimización: 150

Optimización con Funciones de Pérdida: 151

Ejercicio de Función de Pérdida y Optimización: 153

Clasificación Binaria con Perceptrón 153

Ejercicios de Clasificación Binaria con Perceptrón: 155

Implementación de un Perceptrón para Clasificación Binaria 155

Ejemplo de Implementación en Python: 157

Capítulo 8: Futuro de las Redes Neuronales 160

Redes Neuronales Generativas (GANs) 160

Redes Neuronales Cuánticas 161

Tendencias y Futuro 163

Desafíos en la Investigación de Redes Neuronales 164

Oportunidades Futuras en la Investigación de Redes Neuronales 166

Introducción

En la era actual de la informática y la inteligencia artificial, las redes neuronales han emergido como una poderosa herramienta para abordar una amplia gama de problemas en diversas disciplinas, desde el reconocimiento de patrones hasta la toma de decisiones automatizada. Este libro, "Fundamentos de Redes Neuronales", proporciona una introducción detallada y accesible a este fascinante campo, diseñada para lectores que desean comprender y aplicar los principios fundamentales de las redes neuronales.

Este libro aborda los conceptos básicos de las redes neuronales, comenzando con una explicación de cómo las redes neuronales están inspiradas en el funcionamiento del cerebro humano. Se discuten los elementos esenciales de una neurona artificial, incluyendo sus entradas, pesos, función de activación y salida. Los lectores aprenderán cómo se construyen y entrenan las redes neuronales para realizar tareas específicas, como clasificación, regresión y reconocimiento de patro

Se exploran diferentes tipos de redes neuronales, incluyendo perceptrones, redes neuronales feedforward, redes neuronales recurrentes (RNN) y redes neuronales convolucionales (CNN). Cada tipo de red neuronal se presenta con sus características distintivas y aplicaciones prácticas en campos como el procesamiento de imágenes, el procesamiento de lenguaje natural y la predicción secuencial.

También revisaremos los principios de aprendizaje automático y optimización utilizados en el entrenamiento de redes neuronales. Se cubren temas como el descenso de gradiente, la retropropagación del error, las funciones de pérdida y las técnicas de regularización para mejorar el rendimiento y la generalización de los modelos de redes neuronales.

Finalmente, se presentan diversas aplicaciones prácticas de las redes neuronales en campos como el reconocimiento de imágenes, el procesamiento de texto, la robótica, la medicina y las finanzas. Se discuten casos de estudio y ejemplos reales para ilustrar cómo las redes neuronales están transformando industrias enteras y resolviendo desafíos complejos en la vida cotidiana.

Conclusiones

Este libro proporciona una base sólida para aquellos que desean aventurarse en el emocionante mundo de las redes neuronales. Al finalizar cada capítulo, se incluyen ejercicios prácticos y problemas de comprensión para reforzar los conceptos presentados. Esperamos que este libro sirva como una guía esencial para estudiantes, investigadores y profesionales interesados en adentrarse en el fascinante campo de las redes neuronales.

Capítulo 1: Introducción a las Redes Neuronales

¿Qué son las Redes Neuronales?

Las redes neuronales son un modelo computacional inspirado en el funcionamiento del cerebro humano. Están diseñadas para procesar información de manera similar a cómo lo hacen las neuronas en el sistema nervioso biológico. Una red neuronal artificial está compuesta por unidades básicas llamadas "neuronas artificiales" o "nodos", organizadas en capas interconectadas.

- Neuronas Artificiales: Cada neurona artificial recibe entradas, realiza un cálculo específico y produce una salida. Estas neuronas están inspiradas en las neuronas biológicas, que reciben señales eléctricas de otras neuronas a través de sinapsis.
- Capas de Neuronas: En una red neuronal típica, las neuronas están organizadas en capas:
    - Capa de Entrada: Recibe datos del entorno o del conjunto de datos.
    - Capas Ocultas: Capas intermedias que realizan cálculos complejos.
    - Capa de Salida: Produce la salida final de la red neuronal.

- Conexiones Ponderadas: Cada conexión entre neuronas tiene un peso asociado que determina la importancia de la entrada para la neurona de destino. Durante el entrenamiento, estos pesos se ajustan para que la red neuronal aprenda a realizar tareas específicas.

Importancia de las Redes Neuronales

Las redes neuronales son importantes por varias razones clave:

1. Aprendizaje Automático: Son fundamentales en el campo del aprendizaje automático (machine learning), permitiendo que las máquinas aprendan a partir de datos y experiencias sin una programación explícita.
2. Capacidad de Generalización: Las redes neuronales tienen la capacidad de aprender patrones y realizar inferencias a partir de datos no vistos durante el entrenamiento. Esto les permite generalizar y aplicar conocimientos a nuevas situaciones.
3. Flexibilidad y Adaptabilidad: Pueden adaptarse a datos complejos y realizar tareas que son difíciles de definir mediante algoritmos tradicionales.
4. Aplicaciones Diversas: Son utilizadas en una amplia variedad de aplicaciones, como reconocimiento de voz, reconocimiento de imágenes, traducción automática, diagnóstico médico, conducción autónoma, análisis de texto, recomendación de productos y mucho más.

5. Eficiencia en Problemas Complejos: Las redes neuronales son especialmente eficaces para resolver problemas complejos y no lineales que involucran grandes cantidades de datos.
6. Avances en Investigación: El desarrollo de redes neuronales ha llevado a avances significativos en la investigación en inteligencia artificial, permitiendo a los científicos abordar problemas difíciles en campos como la percepción computacional y la comprensión del lenguaje.

En resumen, las redes neuronales son una herramienta poderosa en el campo del aprendizaje automático e inteligencia artificial debido a su capacidad para aprender de datos, adaptarse a nuevas situaciones y realizar tareas complejas que antes eran difíciles de automatizar con métodos tradicionales. Están en la vanguardia de la innovación tecnológica y continúan siendo objeto de investigación y desarrollo activo en la actualidad.

Neurona Artificial:

Una neurona artificial, también conocida como perceptrón, es la unidad básica de procesamiento en una red neuronal artificial. Está diseñada para emular el comportamiento de una neurona biológica y realizar operaciones matemáticas en datos de entrada para producir una salida.

Partes de una Neurona Artificial:

1. Entradas (x):
    - Una neurona artificial recibe múltiples entradas (x_1, x_2, ..., x_n), que representan características o variables del problema que se está abordando.

2. Pesos (w):
    - Cada entrada está asociada con un peso (w_1, w_2, ..., w_n), que representa la importancia relativa de esa entrada para la neurona. Los pesos determinan cómo cada entrada afecta la salida de la neurona.

3. Suma Ponderada:
    - Las entradas y los pesos se multiplican y luego se suman para calcular la entrada total a la neurona. Esta operación se representa como:

    $z = w_1 x_1 + w_2 x_2 + ... + w_n x_n$
    Donde:
    z es la suma ponderada.

4. Función de Activación (f):
   - Después de calcular la suma ponderada, se aplica una función de activación (f) a la entrada total (z) para producir la salida de la neurona.
   - La función de activación introduce no linealidad en la neurona y determina si la neurona debe "activarse" (emitir una señal) o no.
   - Ejemplos comunes de funciones de activación incluyen la función sigmoide, la función ReLU (Rectified Linear Unit), la función tangente hiperbólica, entre otras.

5. Salida (y):
   - La salida (y) de la neurona se calcula como: $y=f(z)$

   Donde *f* es la función de activación aplicada a la suma ponderada (z).

Funciones de una Neurona Artificial:

- Computación: La neurona realiza operaciones matemáticas en las entradas y pesos para producir una salida.
- Aprendizaje: Durante el entrenamiento de la red neuronal, los pesos de las neuronas se ajustan para minimizar el error entre las salidas calculadas y las salidas deseadas (en el caso del aprendizaje supervisado).

Importancia en una Red Neuronal:

Las neuronas artificiales son fundamentales en una red neuronal porque permiten que la red aprenda y realice tareas complejas a partir de datos. Al conectar múltiples neuronas en capas interconectadas, una red neuronal puede aprender representaciones cada vez más complejas de los datos de entrada y realizar tareas como clasificación, regresión, reconocimiento de patrones, entre otras.

En resumen, una neurona artificial es la unidad básica de procesamiento en una red neuronal, que realiza operaciones matemáticas en entradas y pesos para producir una salida mediante una función de activación. Su capacidad para aprender y adaptarse a partir de datos es fundamental para el éxito de las aplicaciones de inteligencia artificial basadas en redes neuronales.

Entradas (Inputs):

Las entradas (inputs) en una neurona artificial son las señales o valores numéricos que representan características o variables del problema que se está abordando. Cada neurona recibe múltiples entradas, denotadas como $x_1, x_2, ..., x_n$, donde *n* es el número de entradas.

- Características del Problema: Las entradas pueden representar diferentes aspectos o atributos de un problema. Por ejemplo, en un problema de reconocimiento de imágenes, las entradas podrían ser los píxeles de una imagen.
- Valores Numéricos: Cada entrada x_i es un número que representa una característica específica. Estos valores pueden ser valores continuos (como intensidades de píxeles) o valores binarios (como características activadas/desactivadas).

Pesos (Weights):

Los pesos (weights) en una neurona artificial son parámetros ajustables que determinan la importancia relativa de cada entrada para la salida de la neurona. Cada entrada x_i está asociada con un peso correspondiente w_i, donde *i* indica el índice de la entrada.

- Importancia Relativa: Los pesos indican cuánto impacto tiene cada entrada en la salida de la neurona. Un peso grande significa que la entrada correspondiente tiene un impacto significativo en la salida, mientras que un peso pequeño significa que la entrada tiene un impacto menor.
- Ajuste durante el Entrenamiento: Durante el entrenamiento de la red neuronal, los pesos se ajustan iterativamente para minimizar el error entre las salidas calculadas por la red y las salidas deseadas (en el caso del aprendizaje supervisado). Este ajuste de pesos permite que la red neuronal aprenda a partir de los datos y mejore su capacidad para realizar tareas específicas.

Función de Suma Ponderada:

En una neurona artificial, la entrada total z se calcula como la suma ponderada de las entradas multiplicadas por sus pesos correspondientes, más un término de sesgo (bias) si está presente:

$z = w_1 \cdot x_1 + w_2 \cdot x_2 + \ldots + w_n \cdot x_n + b$

Donde:

w_i es el peso asociado con la entrada x_i.

x_i es la i-ésima entrada.

b es el término de sesgo (bias), que es un parámetro adicional ajustable que permite a la neurona aprender un desplazamiento o umbral.

Importancia en una Neurona Artificial:

Las entradas y los pesos son componentes clave en una neurona artificial porque determinan cómo se procesan los datos de entrada para producir una salida. Los pesos permiten que la red neuronal aprenda y se adapte a partir de los datos durante el entrenamiento, ajustándose para capturar patrones y relaciones importantes en los datos.

En resumen, las entradas representan características o variables de un problema, mientras que los pesos determinan la importancia relativa de estas características para la salida de una neurona artificial. Juntos, las entradas y los pesos permiten que la red neuronal realice cálculos complejos y aprenda a partir de datos para realizar tareas específicas.

El sesgo (bias) en el contexto de una neurona artificial es un parámetro adicional que se utiliza para ajustar la salida de la neurona. Añadir un sesgo permite a la red neuronal aprender un desplazamiento o umbral, lo que puede ser crítico para el rendimiento y la capacidad de generalización de la red. Aquí te explico con más detalle qué es exactamente el sesgo y cómo afecta el funcionamiento de una neurona artificial:

Función del Sesgo:

En una neurona artificial, además de recibir múltiples entradas $x_1, x_2, ..., x_n$ multiplicadas por sus pesos correspondientes $w_1, w_2, ..., w_n$, se añade un término de sesgo (bias) b a la suma ponderada antes de aplicar la función de activación. La función de suma ponderada se expresa como:

$z = w_1 \cdot x_1 + w_2 \cdot x_2 + ... + w_n \cdot x_n + b$

Donde:

z es la entrada total a la neurona antes de aplicar la función de activación.

wi son los pesos asociados con las entradas *xi*

xi son las entradas.

b es el sesgo.

Importancia del Sesgo:

El sesgo permite a la neurona ajustar su salida incluso cuando todas las entradas son cero. Esto es crucial porque puede desplazar la función de activación hacia arriba o hacia abajo, lo que afecta la capacidad de la neurona para aprender y representar relaciones no lineales entre las entradas y las salidas.

- Flexibilidad en el Ajuste: El sesgo proporciona una forma de controlar cuánto debe activarse la neurona incluso cuando todas las entradas son nulas o muy pequeñas.

- Aprendizaje de Patrones: Ajustar el sesgo durante el entrenamiento permite que la red neuronal aprenda patrones más complejos en los datos, como desplazamientos o tendencias generales que no pueden ser capturados únicamente con pesos.

- Generalización: El sesgo ayuda a la red neuronal a generalizar mejor a partir de los datos de entrenamiento, permitiendo que la neurona sea más flexible y adaptable a diferentes situaciones.

Impacto en el Aprendizaje:

Durante el entrenamiento de la red neuronal, tanto los pesos como el sesgo se ajustan iterativamente para minimizar el error entre las salidas calculadas por la red y las salidas deseadas. El proceso de ajuste de los pesos y el sesgo permite que la red neuronal aprenda y mejore su capacidad para realizar tareas específicas, como clasificación o regresión.

En resumen, el sesgo en una neurona artificial es un parámetro adicional que se utiliza para ajustar la salida de la neurona, permitiendo que la red neuronal aprenda y represente relaciones más complejas entre las entradas y las salidas. Es un componente esencial para el funcionamiento efectivo de las redes neuronales en tareas de aprendizaje automático e inteligencia artificial.

Analogía con el funcionamiento del cerebro humano para una mejor comprensión.

Neuronas Artificiales y Neuronas Biológicas:

- En las redes neuronales artificiales, una neurona artificial es similar a una neurona biológica en el cerebro humano. Al igual que las neuronas biológicas, las neuronas artificiales reciben entradas, realizan cálculos y producen salidas.

Conexiones Ponderadas y Sinapsis:

- Las conexiones entre las neuronas artificiales (representadas por los pesos) son similares a las sinapsis en el cerebro humano. En el cerebro, las sinapsis son las conexiones entre las neuronas que transmiten señales eléctricas o químicas.

- En una red neuronal artificial, cada conexión entre una neurona y otra tiene un peso asociado que determina la fuerza de la conexión, al igual que la eficacia de una sinapsis en el cerebro.

Función de Activación y Potencial de Acción:

- La función de activación en una neurona artificial es comparable al potencial de acción en una neurona biológica. En el cerebro humano, cuando una neurona recibe suficientes estímulos (activación), dispara un potencial de acción que transmite la señal a las neuronas vecinas.
- De manera similar, en una red neuronal artificial, la función de activación determina si la neurona debe "activarse" y enviar una señal (salida) basada en la entrada recibida.

Aprendizaje y Plasticidad Sináptica:

- La capacidad de aprendizaje y ajuste de los pesos en una red neuronal artificial refleja la plasticidad sináptica en el cerebro humano. En el cerebro, la plasticidad sináptica se refiere a la capacidad de las sinapsis para fortalecerse o debilitarse con el tiempo en función de la actividad neuronal.
- Del mismo modo, en una red neuronal artificial, los pesos de las conexiones entre neuronas se ajustan durante el entrenamiento para mejorar el rendimiento de la red en tareas específicas.

Importancia de la Analogía:

Esta analogía con el funcionamiento del cerebro humano ayuda a visualizar cómo las redes neuronales artificiales imitan algunos aspectos clave del sistema nervioso biológico. Si bien las redes neuronales artificiales simplifican enormemente la complejidad del cerebro humano, esta comparación proporciona un marco conceptual intuitivo para comprender el funcionamiento y la importancia de las redes neuronales en el campo del aprendizaje automático e inteligencia artificial.

En resumen, las redes neuronales artificiales son una abstracción computacional inspirada en la estructura y funcionamiento del cerebro humano, donde las neuronas artificiales y las conexiones entre ellas imitan las neuronas y sinapsis en el cerebro. Esta analogía ofrece una forma poderosa de conceptualizar cómo las redes neuronales procesan información y aprenden a partir de los datos, contribuyendo al desarrollo de tecnologías inteligentes.

Breve historia y evolución de las redes neuronales en la informática.

Orígenes de las Redes Neuronales

- **1943**: El neurólogo Warren McCulloch y el matemático Walter Pitts publican un artículo que describe un modelo matemático de neuronas, sentando las bases teóricas de las redes neuronales.
- **1957**: Frank Rosenblatt desarrolla el perceptrón, una forma temprana de red neuronal capaz de aprender y realizar tareas de clasificación lineal.
- **1960s**: El perceptrón y otros modelos iniciales de redes neuronales ganan popularidad, pero pronto se descubre su limitación para resolver problemas no lineales como XOR.

Desarrollo y Declive

- **1970s-1980s**: Se descubren las limitaciones del perceptrón y las redes neuronales pierden popularidad. La atención se desplaza hacia métodos de aprendizaje como las máquinas de vectores de soporte (SVM) y los árboles de decisión.

Renacimiento de las Redes Neuronales

- **1986**: La publicación del artículo de Rumelhart, Hinton y Williams sobre el aprendizaje con retropropagación (backpropagation) marca el renacimiento de las redes neuronales. Este algoritmo permitió entrenar redes profundas de manera eficiente.
- **1990s**: Avances en el hardware y algoritmos de optimización, junto con el surgimiento de internet, permiten nuevas aplicaciones de redes neuronales en reconocimiento de voz, procesamiento de imágenes y más.

Siglo XXI: Auge del Aprendizaje Profundo

- **2010s**: Se produce un auge en el campo del aprendizaje profundo (deep learning), impulsado por el aumento del poder computacional, grandes conjuntos de datos y nuevos algoritmos como las redes neuronales convolucionales (CNN) y las redes neuronales recurrentes (RNN).
- **Avances actuales**: Las redes neuronales están en el centro de numerosas aplicaciones de inteligencia artificial, incluyendo el reconocimiento facial, la conducción autónoma, la traducción automática y mucho más.

Evolución Futura

- **Investigación continua**: La investigación en redes neuronales sigue evolucionando, con enfoques hacia la interpretabilidad, la robustez y la eficiencia.
- **Aplicaciones emergentes**: Se espera que las redes neuronales continúen transformando sectores como la salud, la agricultura, la seguridad y la tecnología.

En resumen, las redes neuronales han pasado por varias etapas de evolución, desde sus inicios teóricos hasta su renacimiento en el siglo XXI con el aprendizaje profundo. Hoy en día, las redes neuronales son una herramienta fundamental en el campo de la inteligencia artificial y se espera que sigan desempeñando un papel crucial en el futuro de la computación y la tecnología.

Capítulo 2: Conceptos Básicos de Machine Learning

Introducción al aprendizaje automático (machine learning).

Conceptos Básicos del Aprendizaje Automático

Datos y Características:

- El aprendizaje automático se basa en el análisis de datos. Los datos son la materia prima fundamental que alimenta los modelos de aprendizaje automático.

- Cada observación en los datos puede tener características o atributos que describen sus propiedades o características relevantes para la tarea que se desea resolver.

Modelos y Algoritmos:

- Los modelos de aprendizaje automático son representaciones matemáticas que intentan capturar patrones subyacentes en los datos.

- Los algoritmos de aprendizaje automático son procedimientos computacionales utilizados para entrenar modelos a partir de datos y hacer predicciones o tomar decisiones basadas en esos modelos.

Entrenamiento y Aprendizaje:

- En el proceso de entrenamiento, un modelo de aprendizaje automático se ajusta a los datos de entrenamiento para aprender los patrones presentes en ellos.

- Durante el entrenamiento, el modelo se optimiza para minimizar una función de pérdida que mide la diferencia entre las predicciones del modelo y los valores reales observados en los datos de entrenamiento.

Tipos de Aprendizaje Automático:

- **Aprendizaje Supervisado**: El modelo se entrena utilizando ejemplos etiquetados que contienen las entradas y las salidas deseadas. El objetivo es aprender a mapear las entradas a las salidas.
- **Aprendizaje No Supervisado**: El modelo se entrena utilizando datos no etiquetados y busca encontrar patrones o estructuras subyacentes en los datos.
- **Aprendizaje por Refuerzo**: El modelo aprende a través de interacciones con un entorno, recibiendo recompensas o retroalimentación según las acciones que realiza.

Aplicaciones del Aprendizaje Automático:

- El aprendizaje automático tiene una amplia gama de aplicaciones en diversas industrias, incluyendo:
    - Reconocimiento de voz y procesamiento del lenguaje natural.
    - Visión por computadora y reconocimiento de imágenes.
    - Sistemas de recomendación y filtrado colaborativo.
    - Predicción y pronóstico en finanzas, medicina, y otras áreas.

Importancia y Futuro del Aprendizaje Automático

- El aprendizaje automático ha revolucionado la forma en que las empresas y organizaciones abordan problemas complejos utilizando datos.

- El futuro del aprendizaje automático está en la mejora de la eficiencia, la interpretabilidad de los modelos, y la aplicación ética de las soluciones de inteligencia artificial.

En resumen, el aprendizaje automático es una disciplina esencial en la actualidad que ha transformado la forma en que interactuamos con la tecnología y ha abierto nuevas posibilidades en una amplia gama de aplicaciones. Es fundamental entender los conceptos básicos del aprendizaje automático para aprovechar al máximo su potencial en diversos campos.

Tipos de aprendizaje: supervisado, no supervisado y por refuerzo.

Los tipos de aprendizaje en machine learning se clasifican principalmente en tres categorías: supervisado, no supervisado y por refuerzo. Cada uno de estos enfoques tiene características distintas y se utiliza para resolver diferentes tipos de problemas. Aquí te explico cada uno de ellos:

1. Aprendizaje Supervisado

En el aprendizaje supervisado, el modelo se entrena utilizando un conjunto de datos etiquetados, es decir, datos que contienen tanto las características de entrada como las salidas deseadas (etiquetas) asociadas con esas entradas. El objetivo del aprendizaje supervisado es aprender una función que mapee las entradas a las salidas.

Características del Aprendizaje Supervisado:

- **Datos Etiquetados**: Se requiere un conjunto de datos etiquetados para entrenar el modelo.
- **Ejemplos de Entrenamiento**: Cada ejemplo de entrenamiento consiste en una entrada y su correspondiente salida esperada.
- **Objetivo**: Aprender a predecir las salidas correctas para nuevas entradas no vistas durante el entrenamiento.
- **Ejemplos de Algoritmos**: Regresión lineal, regresión logística, árboles de decisión, redes neuronales.

Ejemplo: Clasificación de correos electrónicos como "spam" o "no spam" en función de las palabras en el mensaje y su etiqueta correspondiente.

2. Aprendizaje No Supervisado

En el aprendizaje no supervisado, el modelo se entrena utilizando un conjunto de datos no etiquetados, es decir, datos que solo contienen las características de entrada sin ninguna salida correspondiente. El objetivo del aprendizaje no supervisado es encontrar patrones, estructuras o relaciones interesantes en los datos.

Características del Aprendizaje No Supervisado:

- **Datos No Etiquetados**: Se utilizan datos sin etiquetas para el entrenamiento.
- **Exploración de Datos**: El objetivo principal es explorar la estructura inherente de los datos.
- **Objetivo**: Descubrir patrones, clusters o relaciones entre las muestras de datos.
- **Ejemplos de Algoritmos**: Clustering (K-means, DBSCAN), reducción de dimensionalidad (PCA, t-SNE), asociación de reglas.

Ejemplo: Agrupación de clientes en segmentos basados en sus comportamientos de compra sin conocer previamente las categorías.

3. Aprendizaje por Refuerzo

En el aprendizaje por refuerzo, el modelo interactúa con un entorno dinámico y recibe retroalimentación en forma de recompensas o castigos según las acciones que realiza. El objetivo del aprendizaje por refuerzo es aprender a tomar secuencias de decisiones que maximicen una recompensa acumulativa a largo plazo.

Características del Aprendizaje por Refuerzo:

- **Interacción con el Entorno**: El modelo toma decisiones secuenciales y recibe retroalimentación del entorno.
- **Objetivo**: Maximizar una recompensa acumulativa a lo largo de una serie de acciones.
- **Problema de Exploración vs Explotación**: El modelo debe equilibrar la exploración de nuevas acciones con la explotación de acciones conocidas.
- **Ejemplos de Algoritmos**: Q-Learning, algoritmos basados en políticas (Policy Gradient), métodos actor-crítico.

Ejemplo: Entrenamiento de un agente de inteligencia artificial para jugar juegos como el ajedrez o el Go, donde el agente aprende a tomar decisiones óptimas para maximizar su puntaje o ganar el juego.

Conclusión

Cada tipo de aprendizaje tiene sus propias aplicaciones y desafíos. El aprendizaje supervisado es ampliamente utilizado en problemas de clasificación y regresión donde se conocen las salidas deseadas. El aprendizaje no supervisado es útil para descubrir patrones ocultos en datos sin etiquetas. El aprendizaje por refuerzo se aplica en entornos de toma de decisiones secuenciales donde el modelo debe aprender a optimizar una recompensa a largo plazo. Comprender estos tipos de aprendizaje es fundamental para diseñar y aplicar modelos de machine learning de manera efectiva en diferentes contextos y problemas.

Concepto de datos de entrenamiento y conjunto de pruebas.

El concepto de datos de entrenamiento y conjunto de pruebas es fundamental en el contexto del aprendizaje automático y se refiere a la forma en que se dividen los datos para entrenar y evaluar modelos de machine learning de manera efectiva. Aquí te explico cada uno de estos conceptos:

Datos de Entrenamiento (Training Data)

Los datos de entrenamiento son un subconjunto de datos utilizado para entrenar un modelo de aprendizaje automático. Estos datos consisten en ejemplos etiquetados (en el caso del aprendizaje supervisado) o no etiquetados (en el caso del aprendizaje no supervisado) que se utilizan para ajustar los parámetros del modelo y permitirle aprender patrones a partir de los datos.

Características de los Datos de Entrenamiento:

- **Entradas y Salidas**: Cada ejemplo de entrenamiento consta de una entrada (características o atributos) y una salida deseada (etiqueta, en el caso supervisado).
- **Objetivo**: Utilizar estos datos para ajustar los parámetros del modelo y minimizar la función de pérdida durante el proceso de entrenamiento.
- **Representación del Problema**: Los datos de entrenamiento representan la información disponible para el modelo al aprender a realizar una tarea específica.

Conjunto de Pruebas (Test Data)

El conjunto de pruebas, también conocido como conjunto de evaluación o conjunto de validación, es otro subconjunto de datos utilizado para evaluar el rendimiento de un modelo después de haber sido entrenado. Estos datos son utilizados para medir la capacidad de generalización del modelo en datos no vistos durante el entrenamiento.

Características del Conjunto de Pruebas:

- **Datos No Utilizados en el Entrenamiento**: Los ejemplos en el conjunto de pruebas son independientes de los datos utilizados para entrenar el modelo.
- **Evaluación del Rendimiento**: El conjunto de pruebas se utiliza para calcular métricas de evaluación, como precisión, exactitud, sensibilidad, etc.
- **Simulación de Datos del Mundo Real**: El objetivo es simular cómo se comportará el modelo en situaciones del mundo real.

División de Datos en Entrenamiento y Pruebas

La división de datos en conjuntos de entrenamiento y pruebas es una práctica estándar en machine learning para evitar el sobreajuste (overfitting) del modelo a los datos de entrenamiento y para evaluar su rendimiento de manera imparcial. Usualmente, los datos se dividen en una proporción, por ejemplo, 70% para entrenamiento y 30% para pruebas.

Importancia de los Datos de Entrenamiento y Pruebas

- **Generalización**: El objetivo del aprendizaje automático es construir modelos que puedan generalizar bien a nuevos datos no vistos durante el entrenamiento.
- **Evaluación del Modelo**: Los datos de prueba proporcionan una medida objetiva del rendimiento del modelo y ayudan a identificar posibles problemas como sobreajuste.
- **Ajuste de Hiperparámetros**: A menudo, se utiliza un conjunto de validación adicional para ajustar los hiperparámetros del modelo durante el proceso de entrenamiento.

En resumen, los datos de entrenamiento se utilizan para enseñar al modelo cómo realizar una tarea específica, mientras que los datos de prueba se utilizan para evaluar su rendimiento y capacidad de generalización. Es crucial mantener una separación clara entre estos conjuntos de datos para garantizar la validez y la eficacia de los modelos de machine learning.

Capítulo 3: Neuronas Artificiales

Descripción detallada de la unidad básica de una red neuronal: la neurona artificial.

Una neurona artificial, también conocida como unidad básica de una red neuronal, es un componente fundamental que simula el funcionamiento de una neurona biológica en el contexto del aprendizaje automático y las redes neuronales artificiales. La neurona artificial procesa información a partir de múltiples entradas, realiza operaciones matemáticas en estas entradas utilizando pesos y un sesgo, y aplica una función de activación para producir una salida. Aquí tienes una descripción detallada de los componentes y funciones de una neurona artificial:

Componentes de una Neurona Artificial

1. **Entradas ($x1, x2,...,xn$):**
   - Las entradas representan las características o atributos de entrada que se proporcionan a la neurona.
   - Cada entrada *xi* está asociada con un peso *wi*, que determina la importancia relativa de esa entrada para la neurona.

2. **Pesos ($w1, w2,...,wn$):**
   - Los pesos *wi* son parámetros ajustables que multiplican las entradas respectivas.
   - Cada peso controla la contribución de su entrada correspondiente al cálculo de la salida de la neurona.

3. **Suma Ponderada:**
   - La neurona calcula la suma ponderada de las entradas multiplicadas por sus pesos, junto con un sesgo *b*.
   - La suma ponderada se calcula como $z=\sum_{i=1}^{n} wi \times xi + b$.

4. **Sesgo (b):**
   - El sesgo *b* es un término adicional que se añade a la suma ponderada.
   - Permite ajustar el umbral de activación de la neurona y controlar su propensión a activarse.

5. **Función de Activación (*f*)**:
    - Después de calcular la suma ponderada, la neurona aplica una función de activación *f(z)* al resultado para producir la salida.
    - La función de activación introduce no linealidad en la neurona y determina su comportamiento.

6. **Salida (*y*)**:
    - La salida *y* de la neurona es el resultado final después de aplicar la función de activación a la suma ponderada.
    - La salida puede representar una predicción, una clasificación o una activación, dependiendo del tipo de problema y función de activación utilizada.

Funcionamiento de una Neurona Artificial

1. **Suma Ponderada**:

   - Se calcula la suma ponderada de las entradas multiplicadas por sus respectivos pesos, junto con el sesgo: $z=\sum_{i=1}^{n} w_i \times x_i + b$.

2. **Función de Activación**:

   - La suma ponderada z se introduce en una función de activación $f(z)$, que puede ser lineal o no lineal.
   - Ejemplos comunes de funciones de activación incluyen la función escalón (step function), la función sigmoide, la función ReLU (Rectified Linear Unit), entre otras.

3. **Salida**:

   - La salida y de la neurona se calcula como $y=f(z)$, donde f es la función de activación aplicada a la suma ponderada.

Ejemplo de Neurona Artificial

Supongamos que tenemos una neurona con dos entradas (x1, x2), pesos (w1 ,w2), y un sesgo (b), y utilizamos la función de activación sigmoide

$$\sigma(z) = \frac{1}{1 + e^{-z}}$$

- La salida z se calcula como z=w1×x1+w2×x2+b.
- La salida final y de la neurona será y=σ(z), donde σ es la función sigmoide aplicada a z.

Conclusiones

Una neurona artificial es la unidad básica de procesamiento en una red neuronal, donde las entradas son transformadas mediante pesos, un sesgo y una función de activación para producir una salida. Varias neuronas se combinan en capas para formar redes neuronales más complejas, permitiendo el aprendizaje automático y la resolución de una variedad de tareas de manera efectiva. La comprensión de cómo funciona una neurona artificial es esencial para comprender el funcionamiento general de las redes neuronales artificiales.

Funcionamiento de una neurona: entrada, función de activación y salida.

El funcionamiento de una neurona artificial implica varios pasos clave que permiten procesar información de entrada para generar una salida. En el contexto de las redes neuronales artificiales, una neurona típicamente realiza las siguientes operaciones: toma entradas, realiza una suma ponderada de estas entradas, aplica una función de activación al resultado y produce una salida. A continuación, te explico detalladamente cada uno de estos pasos:

Funciones de Activación en Neuronas Artificiales:

Una función de activación toma la entrada total (z) a una neurona (que es la suma ponderada de las entradas multiplicadas por sus pesos, más el sesgo) y la transforma en una salida (y). Esta salida determina la actividad de la neurona. En general, las funciones de activación suelen ser funciones no lineales. Algunas de las funciones de activación más comunes incluyen:

Función Umbral:

La función umbral es una función matemática utilizada en diversos contextos, incluyendo en el ámbito de las redes neuronales y el procesamiento de señales. En el contexto de las redes neuronales, la función umbral se utiliza como una forma específica de función de activación.

La función umbral asigna una salida binaria (a menudo 0 o 1) en función de si la entrada supera un cierto umbral o no. Su fórmula matemática es la siguiente:

La función umbral se define de la siguiente manera:

$$H(x) = \begin{cases} 1 & \text{si } z \geq \theta \\ 0 & \text{si } z < \theta \end{cases}$$

Donde:

- z es la entrada a la función.
- θ es el umbral (o sesgo) de la función.

Esta función toma una entrada z y compara su valor con un umbral θ. Si z es mayor o igual que θ, la función devuelve 1 (o un valor verdadero); de lo contrario, devuelve 0 (o un valor falso).

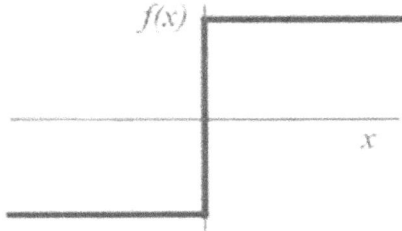

Función Sigmoide (Logística):

La función sigmoide es una función matemática utilizada comúnmente en redes neuronales y otros modelos de aprendizaje automático. También se conoce como la función logística debido a su forma característica en forma de "S". La función sigmoide mapea cualquier valor real a un rango entre 0 y 1, lo que la hace especialmente útil para problemas de clasificación binaria donde se desea una salida de tipo probabilidad.

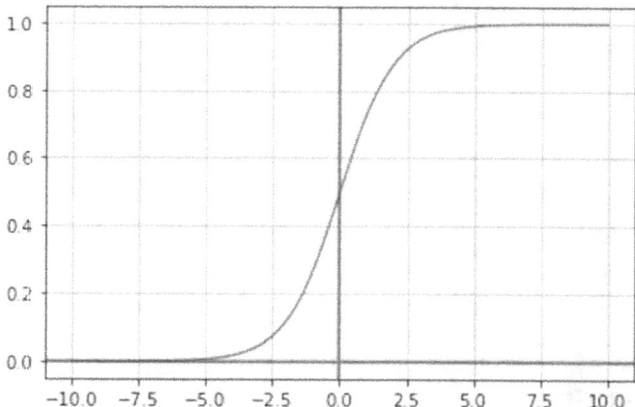

Fórmula de la Función Sigmoide:

La función sigmoide se define matemáticamente como:

$$\sigma(z) = \frac{1}{1 + e^{-z}}$$

Donde:

z es la entrada a la función.

- Produce una salida en el rango de 0 a 1.
- Utilizada en capas de salida de redes neuronales para problemas de clasificación binaria donde se desea una probabilidad como salida.

Función ReLU (Rectified Linear Unit):

- La función ReLU se define como: ReLU(z)=max($0,z$)
- Produce una salida cero para entradas negativas y la misma entrada para entradas positivas.
- Es una de las funciones de activación más utilizadas en capas ocultas debido a su simplicidad y eficacia en el entrenamiento.

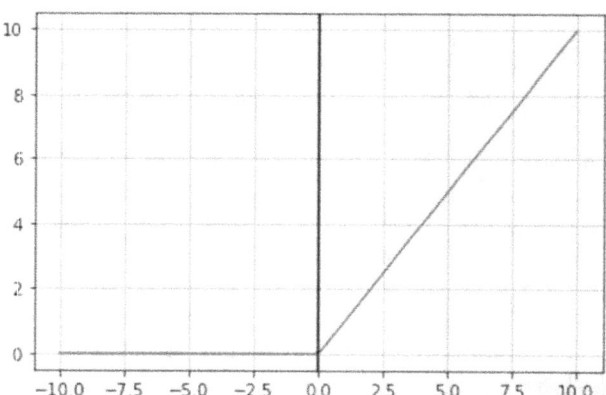

Función Tangente Hiperbólica (Tanh):

- La función tanh se define como: $\tanh(z) = \frac{e^z + e^{-z}}{e^z - e^{-z}}$
- Produce una salida en el rango de -1 a 1.
- Similar a la función sigmoide pero con una salida centrada en cero, lo que puede ayudar en el entrenamiento de redes neuronales.

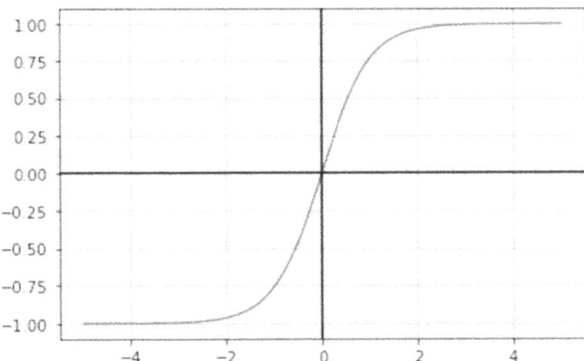

Función Softmax:

- La función softmax se utiliza en capas de salida para problemas de clasificación multiclase.
- Transforma un vector de números reales en un vector de probabilidades que suman 1, permitiendo la clasificación de varias clases de manera probabilística.

Fórmula de la Función Softmax:

Dada una entrada $z = (z_1, z_2, ..., z_k)$, la función softmax se calcula como sigue

$$\text{softmax}(z_i) = \frac{e^{z_i}}{\sum_{j=1}^{k} e^{z_j}}$$

Para cada componente z_i del vector de entrada z, la función softmax calcula la exponencial de z_i dividida por la suma de las exponenciales de todos los elementos en z.

Importancia de las Funciones de Activación:

Las funciones de activación son esenciales en las redes neuronales por varias razones:

- **Introducen No Linealidad**: Permiten a las redes neuronales modelar relaciones no lineales en los datos, lo que las hace más flexibles y capaces de aprender patrones complejos.
- **Permiten la Aprendizaje Adaptativo**: Determinan la salida de cada neurona en función de su entrada, lo que permite que la red aprenda y se adapte a partir de los datos durante el entrenamiento.
- **Evitan Problemas de Linealidad**: Sin funciones de activación, una red neuronal sería simplemente una combinación lineal de sus entradas, lo que limitaría su capacidad para aprender comportamientos no lineales.
- **Específicas para Diferentes Problemas**: Diferentes funciones de activación son más adecuadas para diferentes tipos de problemas y pueden afectar el rendimiento y la convergencia del entrenamiento.

En resumen, las funciones de activación son funciones matemáticas aplicadas a la salida de una neurona en una red neuronal. Estas funciones son fundamentales para la capacidad de la red para aprender y representar relaciones complejas en los datos, facilitando así la resolución eficaz de una amplia gama de problemas en el aprendizaje automático e inteligencia artificial.

Función del Sesgo (Bias):

Características del Sesgo en Estadística:

1. **Dirección de la Desviación**: Un estimador sesgado puede desviarse consistentemente hacia arriba (sobreestimación) o hacia abajo (subestimación) del verdadero valor del parámetro que se está estimando.
2. **Causas del Sesgo**: El sesgo puede surgir debido a diferentes razones, como la elección del método de estimación, el tamaño de la muestra, la forma de la distribución subyacente, o la presencia de errores sistemáticos en el proceso de muestreo o medición.
3. **Impacto en la Precisión**: El sesgo puede afectar la precisión y la calidad de las inferencias estadísticas. Un estimador sesgado puede conducir a conclusiones erróneas si no se tiene en cuenta en el análisis.

Ejemplos de Sesgo en Estadística:

- **Sesgo de Muestreo**: Ocurre cuando la forma en que se selecciona una muestra de la población subyacente introduce una tendencia sistemática en los resultados. Por ejemplo, el sesgo de selección puede surgir si solo se encuestan a personas con acceso a internet para realizar una encuesta sobre el uso de redes sociales.
- **Sesgo de Medición**: Surge cuando los métodos de medición o los instrumentos utilizados introducen sistemáticamente errores en las mediciones. Por ejemplo, si un termómetro siempre registra temperaturas más altas de lo que realmente son, introducirá un sesgo en las mediciones de temperatura.

Funcionamiento de una Neurona Artificial

1. **Entradas ($x1, x2, ..., xn$):**

    - Una neurona artificial recibe un conjunto de entradas $x1, x2, ..., xn$, que representan las características o atributos de la entrada.
    - Cada entrada xi puede ser un valor numérico, una característica extraída de los datos, u otra variable relevante para el problema.

2. **Pesos ($w1, w2, ..., wn$):**

    - Cada entrada xi está asociada con un peso wi, que representa la importancia relativa de esa entrada para la neurona.
    - Los pesos wi son parámetros ajustables que determinan cómo cada entrada afecta la salida de la neurona.

3. **Suma Ponderada (z):**

    - La neurona calcula la suma ponderada de las entradas multiplicadas por sus pesos, junto con un sesgo b.

- La suma ponderada z se calcula como: $z = \sum_{i=1}^{n} w_i \times x_i + b$

  Donde:

  - w_i es el peso asociado a la entrada x_i,
  - x_i es la i-ésima entrada,
  - b es el sesgo (bias) de la neurona.

4. **Función de Activación (f)**:

   - Después de calcular la suma ponderada z, la neurona aplica una función de activación $f(z)$ al resultado para introducir no linealidad en la salida.
   - La función de activación f puede ser de diferentes tipos, como la función escalón (step function), la función sigmoide, la función ReLU (Rectified Linear Unit), entre otras.
   - La salida de la función de activación $f(z)$ se convierte en la salida final de la neurona.

5. **Salida (y)**:

   - La salida y de la neurona es el resultado final después de aplicar la función de activación a la suma ponderada.
   - La salida y puede representar una predicción, una clasificación o una activación, dependiendo del tipo de problema y función de activación utilizada.

Ejemplo de Funcionamiento de una Neurona

Supongamos que tenemos una neurona con dos entradas ($x1$, $x2$), pesos ($w1$, $w2$), y un sesgo (b), y utilizamos la función de activación sigmoide

$$\sigma(z) = \frac{1}{1 + e^{-z}}$$

- La suma ponderada z se calcula como: $z = w1 \times x1 + w2 \times x2 + b$
- La salida final y de la neurona será: $y = \sigma(z) = 1 + e-z1$ Donde σ es la función sigmoide aplicada a z.

Conclusión

El funcionamiento de una neurona artificial implica combinar las entradas con sus respectivos pesos, sumarlas junto con un sesgo, aplicar una función de activación al resultado y producir una salida. Este proceso es fundamental en el contexto de las redes neuronales, donde múltiples neuronas se combinan en capas para realizar tareas más complejas de aprendizaje automático, como clasificación, regresión o reconocimiento de patrones. La elección de la función de activación y los pesos determina cómo la neurona procesa la información y genera resultados útiles para resolver problemas específicos.

Cómo una neurona artificial puede realizar una tarea sencilla.

Para ilustrar cómo una neurona artificial puede realizar una tarea sencilla, consideremos un ejemplo de clasificación binaria utilizando una neurona con una función de activación sigmoide. En este caso, utilizaremos una neurona para determinar si un estudiante aprueba o no un examen en función de dos características: el número de horas de estudio y la cantidad de sueño la noche anterior.

Ejemplo: Neurona para Clasificación de Aprobación de Examen

Supongamos que queremos predecir si un estudiante aprueba un examen en función del número de horas de estudio ($x1$) y la cantidad de sueño la noche anterior ($x2$). Definiremos una neurona con dos entradas ($x1, x2$), pesos ($w1, w2$) y un sesgo (b), y utilizaremos una función de activación sigmoide ($\sigma(z) = 1 + e-z1$).

Configuración de la Neurona

- **Entradas**: $x1$ (horas de estudio), $x2$ (sueño la noche anterior)
- **Pesos**: $w1=0.3$, $w2=0.2$ (importancia de cada característica)

- **Sesgo**: $b=-0.1$ (umbral de activación)
- **Función de Activación**: Sigmoide ($\sigma(z)$)

Funcionamiento de la Neurona

Suma Ponderada

$$z = w_1 \times x_1 + w_2 \times x_2 + b$$
$$z = 0.3 \times x_1 + 0.2 \times x_2 - 0.1$$

Función de Activación (Sigmoide): $y = \sigma(z) = \dfrac{1}{1+e^{-z}}$

Interpretación de la Salida (y)

- Si $y \geq 0.5$, la neurona predice que el estudiante aprobará el examen.
- Si $y < 0.5$, la neurona predice que el estudiante no aprobará el examen.

Ejemplo Práctico

Supongamos que tenemos un estudiante que estudió durante 5 horas ($x_1=5$) y durmió 7 horas la noche anterior ($x_2=7$).

Calculando la Salida de la Neurona

Suma Ponderada z:

$$z = 0.3 \times 5 + 0.2 \times 7 - 0.1$$
$$z = 1.5 + 1.4 - 0.1$$
$$z = 2.8$$

Función de Activación (Sigmoide):

$y = \sigma(2.8) = 1 + e^{-2.8} \approx 0.942$

Interpretación de la Salida

Dado que $y = 0.942 \geq 0.5$, la neurona predice que el estudiante aprobará el examen con alta probabilidad.

Conclusión

En este ejemplo práctico, hemos utilizado una neurona artificial con una función de activación sigmoide para predecir si un estudiante aprueba un examen en función de las horas de estudio y la cantidad de sueño. La neurona realiza una suma ponderada de las entradas multiplicadas por sus pesos, agrega un sesgo, y luego aplica una función sigmoide para generar una salida que representa la probabilidad de aprobación del examen. Este ejemplo ilustra cómo una neurona puede realizar una tarea sencilla de clasificación utilizando conceptos fundamentales de redes neuronales artificiales.

Capítulo 4: Redes Neuronales Feedforward

Redes neuronales feedforward, también conocidas como perceptrones multicapa.

El funcionamiento de una red neuronal feedforward, también conocida como perceptrón multicapa o red neuronal de alimentación hacia adelante, es fundamental para comprender cómo se procesan los datos a través de diferentes capas para realizar tareas específicas como clasificación o regresión. Aquí te explico detalladamente cómo funciona una red neuronal feedforward:

Estructura de una Red Neuronal Feedforward

Una red neuronal feedforward consta de varias capas dispuestas de manera secuencial, donde cada capa está compuesta por una serie de neuronas (también llamadas unidades) conectadas a las neuronas de la capa anterior y/o siguiente mediante conexiones ponderadas.

Capa de Entrada (Input Layer):

- La capa de entrada recibe los datos originales o características del problema que se está abordando. Cada neurona en esta capa representa una característica de entrada, y cada valor de entrada se multiplica por un peso correspondiente que se aprende durante el entrenamiento.

Capas Ocultas (Hidden Layers):

- Las capas ocultas están compuestas por un conjunto de neuronas que realizan transformaciones no lineales de las entradas. Cada neurona en una capa oculta toma como entrada las salidas de todas las neuronas de la capa anterior, aplica una función de activación no lineal a la suma ponderada de estas entradas y produce una salida que se envía a la siguiente capa.

Capa de Salida (Output Layer):

- La capa de salida produce los resultados finales de la red neuronal. Dependiendo del tipo de tarea (por ejemplo, clasificación o regresión), la capa de salida puede tener una o varias neuronas. Cada neurona en la capa de salida representa una clase (en clasificación) o una predicción numérica (en regresión).

Funcionamiento de una Red Neuronal Feedforward

El funcionamiento de una red neuronal feedforward, también conocida como perceptrón multicapa o red neuronal de alimentación hacia adelante, es fundamental para comprender cómo se procesan los datos a través de diferentes capas para realizar tareas específicas como clasificación o regresión. Aquí te explico detalladamente cómo funciona una red neuronal feedforw

El funcionamiento de una red neuronal feedforward se puede resumir en los siguientes pasos:

Propagación hacia Adelante (Forward Propagation):

- Durante la propagación hacia adelante, los datos de entrada se alimentan a través de la red capa por capa. Cada neurona en una capa oculta calcula una combinación lineal de las salidas de la capa anterior multiplicadas por sus pesos correspondientes, y luego aplica una función de activación no lineal (como la sigmoide, ReLU, tanh, etc.) al resultado. Este proceso se repite capa por capa hasta llegar a la capa de salida.

Cálculo de la Salida:

- Una vez que los datos han pasado por todas las capas de la red neuronal, la capa de salida produce la salida final. Para la clasificación, la salida puede ser interpretada como las probabilidades de pertenencia a diferentes clases (utilizando, por ejemplo, la función softmax); para la regresión, la salida es una predicción numérica.

Entrenamiento:

- Durante el entrenamiento, los pesos de la red neuronal se ajustan iterativamente para minimizar una función de pérdida que mide la discrepancia entre las predicciones del modelo y las etiquetas reales de los datos de entrenamiento. Esto se logra mediante técnicas como el descenso de gradiente y la retropropagación del error, que permiten actualizar los pesos en la dirección que minimiza la pérdida.

Aprendizaje con Retropropagación (Backpropagation):

- Después de calcular las salidas de la red mediante la propagación hacia adelante, se utiliza un algoritmo de optimización (como descenso del gradiente) junto con la retropropagación del error para ajustar los pesos y minimizar una función de pérdida.

- La retropropagación calcula el gradiente de la función de pérdida con respecto a los pesos de la red, permitiendo así la actualización de los pesos en dirección a la minimización de la pérdida.

Características y Aplicaciones

- **Capacidad de Aprendizaje No Lineal**: Las redes feedforward pueden aprender funciones no lineales complejas y representar relaciones jerárquicas en los datos.
- **Aplicaciones en Aprendizaje Profundo**: Son fundamentales en problemas de visión por computadora, procesamiento de lenguaje natural, reconocimiento de voz, entre otros.
- **Arquitecturas Avanzadas**: Incluyen redes totalmente conectadas (MLP), redes convolucionales (CNN) y redes recurrentes (RNN), entre otras variantes.

Conclusión

En resumen, una red neuronal feedforward es un modelo fundamental en aprendizaje automático y aprendizaje profundo, caracterizado por su estructura en capas y su capacidad para aprender representaciones complejas de los datos. La propagación hacia adelante de la información, seguida de la retropropagación del error para ajustar los pesos, permite que estas redes aprendan a partir de datos etiquetados y realicen tareas sofisticadas como clasificación, regresión y generación de contenido. Su flexibilidad y poder computacional las hacen indispensables en numerosas aplicaciones de inteligencia artificial.

Estructura y funcionamiento de las capas de una red neuronal feedforward.

Una red neuronal feedforward está compuesta por varias capas, cada una de las cuales desempeña un papel específico en el procesamiento de la información a medida que se propaga a través de la red. A continuación, describiré la estructura y el funcionamiento de las capas típicas en una red neuronal feedforward:

Estructura de las Capas de una Red Neuronal Feedforward

1. **Capa de Entrada**:

    - Esta es la primera capa de la red y está compuesta por neuronas que representan las características o atributos de entrada.
    - Cada neurona en la capa de entrada corresponde a una característica de los datos y no realiza ningún cálculo especial; simplemente transmite la entrada directamente a las neuronas de la siguiente capa.

2. **Capas Ocultas**:

    - Las capas ocultas se encuentran entre la capa de entrada y la capa de salida.
    - Cada capa oculta está compuesta por múltiples neuronas, y la información se procesa de manera no lineal a medida que fluye a través de estas capas.
    - Cada neurona en una capa oculta calcula una combinación lineal de las salidas de las neuronas de la capa anterior, aplicando una función de activación no lineal.

3. **Capa de Salida**:

    - La capa de salida es la última capa de la red y produce las predicciones o resultados finales.
    - El número de neuronas en la capa de salida depende del tipo de problema que la red está tratando de resolver (por ejemplo, clasificación binaria, clasificación multiclase, regresión, etc.).
    - La salida de cada neurona en la capa de salida puede representar probabilidades (en el caso de clasificación) o valores numéricos (en el caso de regresión).

Funcionamiento de las Capas de una Red Neuronal Feedforward

Conclusiones

En resumen, las capas de una red neuronal feedforward forman una estructura jerárquica que permite el procesamiento de información de manera secuencial, desde las entradas hasta las salidas. Cada capa realiza operaciones de suma ponderada y aplicación de funciones de activación para transformar la información a medida que fluye a través de la red. El aprendizaje en una red neuronal feedforward implica ajustar los pesos de las conexiones mediante algoritmos de optimización como la retropropagación del error, con el objetivo de minimizar la diferencia entre las predicciones de la red y los valores reales de los datos de entrenamiento. Este proceso permite que la red aprenda a partir de los datos y realice tareas de aprendizaje automático como clasificación y regresión con precisión.

Entrenamiento de una red neuronal mediante retropropagación (backpropagation).

El entrenamiento de una red neuronal mediante retropropagación (backpropagation) es un proceso fundamental en el aprendizaje supervisado que permite ajustar los pesos de la red para minimizar una función de pérdida. En este método, se utiliza la información sobre el error cometido por la red en las predicciones (comparando las predicciones con las etiquetas reales de los datos de entrenamiento) para calcular cómo deben ajustarse los pesos en cada capa de la red, con el objetivo de mejorar el rendimiento del modelo. A continuación, te explico detalladamente cómo funciona el entrenamiento mediante retropropagación:

Paso 1: Propagación hacia Adelante (Forward Propagation)

1. **Entrada de Datos**:
    - Se proporciona un conjunto de datos de entrenamiento con características (x_i) y sus respectivas etiquetas (y_i).
    - La red neuronal utiliza las entradas (x_i) para calcular las salidas de cada neurona mediante la propagación hacia adelante.

2. **Cálculo de Salidas**:
   - Cada neurona en la red calcula una suma ponderada de las entradas multiplicadas por sus pesos y luego aplica una función de activación para generar una salida.
   - Esto se hace capa por capa, desde la capa de entrada hasta la capa de salida, siguiendo el flujo de la información.

Paso 2: Cálculo de la Función de Pérdida

1. **Comparación con las Etiquetas Reales**:
   - Se compara la salida producida por la red (ypred) con las etiquetas reales (*yi*) del conjunto de entrenamiento.
   - Se utiliza una función de pérdida (loss function) para cuantificar la discrepancia entre las predicciones y las etiquetas reales.
   - Ejemplos de funciones de pérdida comunes incluyen el error cuadrático medio (MSE) para regresión y la entropía cruzada para clasificación.

Paso 3: Retropropagación del Error (Backpropagation)

1. **Cálculo del Gradiente de la Función de Pérdida**:
   - Se utiliza el algoritmo de retropropagación para calcular el gradiente de la función de pérdida con respecto a los pesos de la red.
   - El gradiente indica la dirección y la magnitud del cambio que debe aplicarse a cada peso para minimizar la pérdida.

2. **Actualización de Pesos**:

    - Se utilizan técnicas de optimización (como el descenso del gradiente) para ajustar los pesos de la red en función del gradiente calculado.
    - Los pesos se actualizan en la dirección opuesta al gradiente multiplicado por una tasa de aprendizaje (α) para garantizar una convergencia adecuada.

Paso 4: Iteración y Ajuste

1. **Iteración sobre los Datos de Entrenamiento**:

    - El proceso de propagación hacia adelante, cálculo de pérdida, retropropagación del error y actualización de pesos se repite para todo el conjunto de datos de entrenamiento durante múltiples épocas.

2. **Ajuste del Modelo**:

    - A medida que el modelo se entrena, los pesos de la red se ajustan gradualmente para minimizar la función de pérdida y mejorar el rendimiento en los datos de entrenamiento.

Conclusión

El entrenamiento de una red neuronal mediante retropropagación implica propagar hacia adelante las entradas a través de la red para calcular las salidas, calcular la función de pérdida comparando las predicciones con las etiquetas reales, retropropagar el error para calcular el gradiente de la función de pérdida, y finalmente actualizar los pesos de la red utilizando técnicas de optimización. Este proceso iterativo permite que la red aprenda a partir de los datos de entrenamiento y mejore su capacidad para realizar predicciones precisas en nuevos datos. La retropropagación es un componente clave en el entrenamiento de redes neuronales y es fundamental para el éxito del aprendizaje automático supervisado.

Capítulo 5: Redes Neuronales Convolucionales (CNN)

Introducción a las redes neuronales convolucionales y su aplicación en visión por computadora.

Las Redes Neuronales Convolucionales (CNN por sus siglas en inglés, Convolutional Neural Networks) son un tipo especializado de redes neuronales profundas diseñadas específicamente para procesar datos que tienen una estructura de cuadrícula, como imágenes o señales de audio. Las CNN han revolucionado el campo del aprendizaje profundo y son ampliamente utilizadas en tareas de visión por computadora, reconocimiento de patrones y análisis de datos espaciales. A continuación, te explicaré la estructura y el funcionamiento básico de las Redes Neuronales Convolucionales:

Estructura de una Red Neuronal Convolucional (CNN)

Una CNN típica está compuesta por varias capas especializadas que realizan operaciones específicas de procesamiento de imágenes. Las capas principales en una CNN son:

1. **Capas de Convolución**:
   - Las capas convolucionales aplican operaciones de convolución a las entradas utilizando filtros (kernels) aprendidos durante el entrenamiento.
   - Cada filtro extrae características locales de la entrada al realizar operaciones de convolución en regiones pequeñas de la imagen.
   - Los mapas de características resultantes capturan patrones simples (como bordes y texturas) en las primeras capas y patrones más complejos (como formas y objetos) en capas más profundas.
2. **Capas de Activación**:
   - Después de cada operación de convolución, se aplica una función de activación no lineal (como ReLU - Rectified Linear Unit) para introducir no linealidad en la red y mejorar la capacidad de aprendizaje.
   - La función de activación transforma los valores de salida de la convolución en valores más expresivos y útiles para el aprendizaje.

3. **Capas de Pooling (Aglomeración)**:
   - Las capas de pooling reducen la dimensionalidad espacial de las representaciones de características al submuestrear (downsampling) localmente.
   - Las operaciones comunes de pooling incluyen el máximo (max pooling) y el promedio (average pooling), que ayudan a conservar las características más importantes mientras reducen el tamaño de las representaciones.
4. **Capas Totalmente Conectadas (Dense)**:
   - Después de varias capas convolucionales y de agrupación, las características extraídas se alimentan a través de una serie de capas totalmente conectadas (densas) para realizar la clasificación final.
   - Estas capas toman las representaciones aprendidas y las transforman en predicciones de clase (por ejemplo, probabilidades de categorías).

Funcionamiento de una Red Neuronal Convolucional (CNN)

Propagación hacia Adelante (Forward Propagation):

- Durante la propagación hacia adelante, una imagen de entrada pasa a través de las capas de convolución, activación y agrupación.
- Cada capa convolucional aplica filtros para extraer características locales, seguida de una función de activación para introducir no linealidad.

- Las capas de agrupación reducen la dimensionalidad de las representaciones mientras conservan las características más importantes.

2. **Clasificación o Regresión**:
    - Después de varias capas convolucionales y de agrupación, las representaciones se aplastan (flatten) y se alimentan a través de capas densas para realizar la clasificación final.
    - En el caso de clasificación, la última capa utiliza una función de activación softmax para generar distribuciones de probabilidad sobre las clases.
    - En el caso de regresión, la última capa puede producir directamente valores numéricos.

Aplicaciones de las Redes Neuronales Convolucionales (CNN)

Las CNN se utilizan ampliamente en una variedad de aplicaciones, incluyendo:

- **Reconocimiento de Objetos**: Clasificación y detección de objetos en imágenes.
- **Segmentación Semántica**: Asignación de etiquetas a cada píxel en una imagen.
- **Reconocimiento Facial**: Identificación y verificación biométrica.
- **Procesamiento de Vídeo**: Análisis de secuencias de imágenes para detección de actividad.
- **Procesamiento de Audio**: Análisis de señales de audio para reconocimiento de voz.

Capítulo 6: Redes Neuronales Recurrentes (RNN)

Explicación de las redes neuronales recurrentes y su capacidad para procesar secuencias de datos.

Las Redes Neuronales Recurrentes (RNN) son un tipo especializado de redes neuronales diseñadas para procesar secuencias de datos, donde la salida en cada paso de tiempo depende de la entrada actual y también de las entradas anteriores. Las RNN son adecuadas para tareas que involucran datos secuenciales, como texto, audio, series temporales y otros tipos de datos ordenados en una secuencia. A continuación, te explico en detalle cómo funcionan las redes neuronales recurrentes y su capacidad para procesar secuencias de datos:

Estructura de las Redes Neuronales Recurrentes (RNN)

1. **Unidades Recurrentes**:

    - En una RNN, cada neurona tiene una conexión recurrente consigo misma, lo que le permite mantener una memoria o estado interno.

- En cada paso de tiempo t, la neurona toma como entrada la entrada actual xt y el estado oculto anterior $ht-1$, y produce una salida ht y posiblemente una salida final yt.

2. **Representación como Grafo Acíclico Dirigido (DAG)**:
   - Una RNN puede representarse como un grafo acíclico dirigido (DAG) desplegado en el tiempo, donde cada nodo corresponde a una copia de la misma neurona recurrente en un paso de tiempo diferente.
   - Esto significa que la información puede fluir hacia adelante a través del tiempo, y cada paso de tiempo puede influir en los pasos de tiempo futuros a través de la retroalimentación.

Funcionamiento de las Redes Neuronales Recurrentes (RNN)

Propagación hacia Adelante (Forward Propagation):

- Durante la propagación hacia adelante, una RNN procesa una secuencia de datos de entrada $x1, x2,...,xT$, donde cada xt representa la entrada en el paso de tiempo t.
- En cada paso de tiempo t, la neurona recurrente calcula el estado oculto ht utilizando la entrada actual xt y el estado oculto anterior $h-1ht-1$, junto con los pesos W y U y la función de activación f.
- La salida final yt puede calcularse utilizando el estado oculto ht y los pesos V, y puede representar una predicción, una etiqueta de clasificación, o cualquier otra salida deseada.

2. **Retropropagación del Error (Backpropagation Through Time, BPTT)**:

   - Durante el entrenamiento de una RNN, se utiliza el algoritmo de retropropagación a través del tiempo (BPTT) para calcular el gradiente de la función de pérdida con respecto a los parámetros de la red.
   - El gradiente se calcula retrocediendo a través de la red en el tiempo, propagando el error desde el último paso de tiempo hasta el primero.
   - Los pesos de la red se actualizan utilizando técnicas de optimización como el descenso del gradiente para minimizar la función de pérdida y mejorar el rendimiento de la red.

Capacidad para Procesar Secuencias de Datos

- **Modelado de Dependencias Temporales**: Las RNN pueden modelar dependencias temporales en datos secuenciales, permitiendo que la salida en cada paso de tiempo dependa del contexto histórico.
- **Longitud de Secuencia Variable**: A diferencia de las redes feedforward, las RNN pueden manejar secuencias de longitud variable, lo que las hace adecuadas para tareas como el procesamiento de texto de longitud variable.
- **Aplicaciones en NLP y Procesamiento de Lenguaje**: Las RNN son ampliamente utilizadas en tareas de procesamiento de lenguaje natural (NLP), como traducción automática, generación de texto y análisis de sentimientos.

Limitaciones y Variantes

- **Desvanecimiento o Explosión del Gradiente**: Las RNN tradicionales pueden experimentar problemas de desvanecimiento o explosión del gradiente durante el entrenamiento, lo que puede dificultar el aprendizaje a largo plazo.

- **Variantes Mejoradas**: Existen variantes mejoradas de RNN, como las LSTM (Long Short-Term Memory) y las GRU (Gated Recurrent Units), que abordan estos problemas y son más efectivas para aprender dependencias a largo plazo en secuencias.

Las Redes Neuronales Recurrentes (RNN) son poderosas arquitecturas de redes neuronales diseñadas para modelar y procesar secuencias de datos, permitiendo capturar dependencias temporales y realizar predicciones o análisis basados en contextos históricos. Su capacidad para procesar datos secuenciales las hace útiles en una amplia variedad de aplicaciones, desde el procesamiento de lenguaje natural hasta el análisis de series temporales y la generación de música o texto.

Concepto de memoria a corto plazo (LSTM) y memoria a largo plazo (GRU).

Para entender mejor el concepto de memoria a corto plazo (LSTM, Long Short-Term Memory) y memoria a largo plazo (GRU, Gated Recurrent Unit), es esencial considerar cómo abordan las limitaciones de las Redes Neuronales Recurrentes (RNN) tradicionales, como el problema del desvanecimiento del gradiente y la capacidad de modelar dependencias a largo plazo en secuencias de datos. Ambas arquitecturas, LSTM y GRU, son variantes mejoradas de las RNN estándar que incorporan mecanismos de memoria más sofisticados para mejorar el aprendizaje y la representación de secuencias. A continuación, describiré cada una de estas arquitecturas en detalle:

Memoria a Corto Plazo (LSTM)

La memoria a corto plazo (LSTM) es una arquitectura de red neuronal recurrente diseñada para capturar y mantener información relevante durante períodos de tiempo más largos, permitiendo así aprender dependencias a largo plazo en secuencias. Las LSTM abordan el problema del desvanecimiento del gradiente y permiten un flujo de información más controlado a través del tiempo. Las características clave de las LSTM incluyen:

1. **Unidades de Memoria (Memory Cells)**:
   - En lugar de una simple neurona recurrente, una LSTM utiliza unidades de memoria (memory cells) que pueden mantener y actualizar su estado a lo largo del tiempo.
2. **Puertas (Gates)**:
   - Las LSTM incorporan puertas (gates) que controlan el flujo de información dentro de la unidad de memoria.
   - Tres tipos de puertas:
     - **Puerta de Olvido (Forget Gate)**: Decide qué información almacenada en la memoria debe ser olvidada.
     - **Puerta de Entrada (Input Gate)**: Decide qué nueva información debe ser almacenada en la memoria.
     - **Puerta de Salida (Output Gate)**: Controla qué información de la memoria debe ser utilizada como salida.
3. **Proceso de Actualización**:
   - En cada paso de tiempo, una LSTM calcula nuevos estados para la unidad de memoria en función de la entrada actual y el estado anterior.
   - Las puertas determinan cómo se actualiza el estado de la memoria y cómo se calculan las salidas.

Memoria a Largo Plazo (GRU)

La memoria a largo plazo (GRU) es otra variante de las Redes Neuronales Recurrentes diseñada para abordar problemas similares a las LSTM, pero con una estructura más simplificada. Las GRU utilizan un mecanismo de puerta (gate) para controlar el flujo de información y la actualización del estado interno. Las características principales de las GRU incluyen:

1. **Actualización de la Unidad de Estado**:
   - Al igual que las LSTM, las GRU utilizan un estado interno que se actualiza en cada paso de tiempo.
2. **Puerta de Reinicio y Puerta de Actualización**:
   - Las GRU utilizan dos tipos de puertas:
     - **Puerta de Reinicio (Reset Gate)**: Decide qué información olvidar del estado anterior.
     - **Puerta de Actualización (Update Gate)**: Controla cómo se combina la nueva entrada con el estado anterior.

3. **Estructura Simplificada**:
   - En comparación con las LSTM, las GRU tienen una estructura más simple con menos puertas, lo que las hace más fáciles de entrenar y computacionalmente más eficientes.

- **LSTM vs. GRU**: Ambas arquitecturas han demostrado ser efectivas para aprender dependencias a largo plazo en secuencias de datos.
  - Las LSTM son más flexibles y pueden capturar relaciones temporales más complejas, pero son más costosas computacionalmente.
  - Las GRU son más simples y eficientes, adecuadas para aplicaciones donde se requiere una buena capacidad de modelado con recursos limitados.

Aplicaciones Prácticas

- Las LSTM y GRU se utilizan en una variedad de aplicaciones de procesamiento de secuencias, incluyendo traducción automática, generación de texto, reconocimiento de voz, análisis de sentimientos, predicción de series temporales y más.

Las LSTM y GRU son arquitecturas avanzadas de Redes Neuronales Recurrentes que utilizan mecanismos de memoria sofisticados para aprender y mantener dependencias a largo plazo en secuencias de datos. Estas arquitecturas han sido fundamentales para el avance en el procesamiento de lenguaje natural, el análisis de series temporales y otras aplicaciones de aprendizaje automático basadas en datos secuenciales.

Aplicaciones de las RNN en procesamiento de lenguaje natural y traducción automática.

Las Redes Neuronales Recurrentes (RNN) han sido fundamentales en el campo del procesamiento de lenguaje natural (NLP) y la traducción automática debido a su capacidad para modelar dependencias temporales en secuencias de texto. A continuación, te presento algunas de las aplicaciones más importantes de las RNN en estos ámbitos:

1. Modelado del Lenguaje

- **Predicción de Palabras**: Las RNN se utilizan para predecir la siguiente palabra en una secuencia de texto, lo que es fundamental para tareas como la finalización automática de texto (autocomplete) y la corrección gramatical.
- **Generación de Texto**: Las RNN pueden generar texto coherente a partir de un contexto dado, lo que se utiliza en la generación automática de noticias, historias o respuestas en sistemas de chatbots.

2. Análisis de Sentimientos

- **Clasificación de Texto**: Las RNN se utilizan para clasificar textos en categorías de sentimientos, como positivo, negativo o neutro. Esto es útil para análisis de opiniones en redes sociales, comentarios de clientes, etc.

3. Traducción Automática

- **Traducción Neural**: Las RNN (especialmente las variantes como las LSTM o GRU) son componentes clave en los sistemas de traducción automática neuronal (NMT, Neural Machine Translation).
- **Codificador-Decodificador**: Las RNN se utilizan en arquitecturas codificador-decodificador para traducir secuencias completas de palabras entre idiomas, capturando las dependencias a largo plazo y el contexto necesario para una traducción precisa.

4. Reconocimiento de Voz

- **Transcripción de Voz a Texto**: Las RNN se utilizan para convertir señales de voz en texto escrito, lo que es esencial para sistemas de asistentes virtuales, reconocimiento de comandos de voz y subtitulado automático.

5. Análisis de Secuencias Temporales

- **Predicción de Series Temporales**: Las RNN se utilizan para predecir valores futuros en secuencias temporales, como datos financieros, patrones climáticos o el comportamiento del mercado.

Beneficios y Avances

- **Captura de Contexto**: Las RNN pueden capturar dependencias a largo plazo en secuencias de texto, lo que mejora la calidad y la coherencia en tareas de NLP y traducción automática.
- **Mejora de la Exactitud**: Las arquitecturas RNN avanzadas (como las LSTM y GRU) han mejorado significativamente la precisión y la fluidez en aplicaciones de NLP y traducción automática.

Retos y Desafíos

- **Desvanecimiento del Gradiente**: Aunque las LSTM y GRU abordan el problema del desvanecimiento del gradiente, aún pueden surgir desafíos con dependencias a muy largo plazo en secuencias de texto.

- **Eficiencia Computacional**: Las RNN pueden ser computacionalmente costosas de entrenar y ejecutar, especialmente en aplicaciones con grandes volúmenes de datos.

Las Redes Neuronales Recurrentes (RNN) han demostrado ser herramientas poderosas en el procesamiento de lenguaje natural y la traducción automática, permitiendo la construcción de sistemas inteligentes que pueden comprender, generar y traducir texto de manera efectiva. Su capacidad para modelar dependencias temporales y capturar contextos complejos ha contribuido significativamente al avance de la inteligencia artificial en aplicaciones relacionadas con el procesamiento de texto y el análisis de datos secuenciales.

Concepto de Convolución y Pooling.

Para comprender las Redes Neuronales Convolucionales (CNN), es esencial entender los conceptos de convolución y pooling, que son operaciones fundamentales utilizadas en el procesamiento de imágenes en estas redes. Ambas operaciones son clave para extraer características significativas de los datos de entrada y reducir la dimensionalidad de las representaciones, lo que contribuye al aprendizaje efectivo en las CNN. A continuación, explicaré cada uno de estos conceptos:

1. Convolución

La convolución es una operación matemática fundamental que se utiliza en las CNN para procesar imágenes y otros datos de cuadrícula. En el contexto de una CNN:

- **Filtro (Kernel)**: La convolución implica deslizar un pequeño filtro (también llamado kernel) sobre la imagen de entrada.
- **Operación de Punto a Punto**: En cada posición del filtro, se realiza una multiplicación elemento por elemento entre el filtro y la sección correspondiente de la imagen de entrada. Luego, se suma el resultado de estas multiplicaciones para producir un solo valor en la salida.

- **Proceso de Deslizamiento**: El filtro se desliza a lo largo de la imagen, y en cada posición se realiza la operación de convolución.
  Esto genera una nueva matriz (mapa de características) que resalta ciertas características de la imagen, como bordes, texturas o patrones locales.
- **Ejemplo de Filtro**: Por ejemplo, un filtro puede detectar bordes verticales al enfatizar diferencias de intensidad entre píxeles adyacentes en la dirección vertical.

La convolución en una CNN permite extraer características locales importantes de la imagen de entrada mediante el uso de filtros que resaltan ciertos patrones visuales.

2. Pooling (Aglomeración)

El pooling, también conocido como submuestreo, es una técnica utilizada después de las capas de convolución para reducir la dimensionalidad de las representaciones mientras conserva la información más relevante. Algunos tipos comunes de pooling incluyen:

- **Max Pooling**: Para cada región del mapa de características, se toma el valor máximo y se descarta el resto. Esto preserva las características más prominentes en cada región.
- **Average Pooling**: Para cada región del mapa de características, se calcula el promedio de los valores y se utiliza como representación de esa región.

- **Reducción de Dimensionalidad**: El pooling reduce el tamaño espacial (altura y ancho) de la representación de la imagen, lo que ayuda a reducir el número de parámetros y el costo computacional en las capas subsiguientes.

Aplicaciones y Beneficios

- **Reducción del Overfitting**: El pooling reduce la cantidad de parámetros en la red, lo que ayuda a prevenir el sobreajuste (overfitting) al suavizar las representaciones.
- **Invariancia a la Traducción**: La convolución y el pooling introducen invariancia a la traslación en las características extraídas, lo que significa que la red puede reconocer un objeto independientemente de su posición en la imagen.

En conclusión, la convolución y el pooling son operaciones esenciales en las Redes Neuronales Convolucionales (CNN) que permiten extraer y resumir características significativas de las imágenes de entrada. Estas operaciones han demostrado ser altamente efectivas en tareas de visión por computadora como reconocimiento de objetos, segmentación semántica y análisis de imágenes médicas.

Ejemplos de aplicaciones prácticas de CNNs, como reconocimiento de imágenes.

Las Redes Neuronales Convolucionales (CNN) tienen una amplia variedad de aplicaciones prácticas en el campo del procesamiento de imágenes y visión por computadora. Su capacidad para aprender representaciones jerárquicas de características visuales las hace ideales para tareas de reconocimiento de imágenes y análisis visual. A continuación, te presento algunos ejemplos destacados de aplicaciones prácticas de CNNs en reconocimiento de imágenes:

1. **Reconocimiento de Objetos**
   - **Clasificación de Imágenes**: Las CNNs pueden clasificar imágenes en categorías específicas, como identificar diferentes tipos de animales, vehículos, o productos comerciales.
   - **Detección de Objetos**: Las CNNs pueden localizar y clasificar múltiples objetos en una imagen, proporcionando cajas delimitadoras (bounding boxes) alrededor de los objetos detectados.
   - **Reconocimiento Facial**: Las CNNs pueden identificar rostros humanos en imágenes y realizar tareas como reconocimiento facial o verificación biométrica.

2. Segmentación Semántica

- **Segmentación de Imágenes**: Las CNNs pueden asignar etiquetas a cada píxel en una imagen, permitiendo la segmentación precisa de diferentes partes de la imagen, como fondo y objetos.
- **Detección de Instancias**: Las CNNs pueden diferenciar entre múltiples instancias de un mismo objeto en una imagen, asignando una etiqueta única a cada instancia.

3. Reconocimiento de Escenas y Paisajes

- **Clasificación de Escenas**: Las CNNs pueden identificar el tipo de escenario o paisaje presente en una imagen, como playa, montaña, ciudad, etc.
- **Navegación Autónoma**: En aplicaciones de robótica y vehículos autónomos, las CNNs pueden analizar imágenes en tiempo real para tomar decisiones de navegación.

4. Análisis Médico

- **Diagnóstico por Imágenes**: Las CNNs pueden analizar imágenes médicas (como radiografías, resonancias magnéticas o escáneres CT) para detectar enfermedades o anomalías.
- **Segmentación de Órganos**: Las CNNs pueden segmentar automáticamente órganos y estructuras anatómicas en imágenes médicas para ayudar en la planificación de tratamientos.

5. Procesamiento de Vídeo

- **Reconocimiento de Acciones**: Las CNNs pueden identificar actividades humanas en secuencias de vídeo, como caminar, correr, o practicar deportes.

- **Comprensión de Escenas Dinámicas**: Las CNNs pueden analizar y comprender escenas dinámicas en tiempo real, siendo útiles para aplicaciones de vigilancia o monitoreo.

Beneficios y Avances

- **Alta Precisión**: Las CNNs han demostrado alcanzar altos niveles de precisión en tareas de reconocimiento visual, superando a métodos tradicionales.
- **Capacidad de Generalización**: Las CNNs pueden generalizar a nuevas situaciones y escenarios después de un entrenamiento adecuado, lo que las hace útiles en una amplia gama de aplicaciones.

En conclusión, las Redes Neuronales Convolucionales (CNN) han transformado el campo del reconocimiento de imágenes y visión por computadora, y sus aplicaciones siguen expandiéndose a medida que se desarrollan nuevos avances en el aprendizaje profundo y el procesamiento de datos visuales. Su capacidad para aprender representaciones jerárquicas de características visuales ha abierto nuevas posibilidades en campos como la medicina, la robótica, la seguridad y mucho más.

Capítulo 7: Aplicaciones y Ejemplos Prácticos

Casos de estudio y ejemplos reales de cómo se utilizan las redes neuronales en diferentes campos como salud, finanzas, juegos, etc.

Las redes neuronales se utilizan en una amplia variedad de campos y aplicaciones, desde la salud y las finanzas hasta los juegos y la robótica. A continuación, te presento algunos casos de estudio y ejemplos reales de cómo se aplican las redes neuronales en diferentes sectores:

1. Salud

- **Diagnóstico Médico**: Las redes neuronales se utilizan para analizar imágenes médicas (como radiografías, resonancias magnéticas y escáneres CT) para detectar enfermedades, identificar tumores o anomalías, y ayudar en el diagnóstico temprano de condiciones médicas.
- **Predicción de Resultados Clínicos**: Las redes neuronales se aplican en la predicción de resultados clínicos, como la progresión de enfermedades crónicas o la probabilidad de complicaciones postoperatorias.

- **Análisis de Secuencias Genómicas**: Las redes neuronales se utilizan para analizar secuencias genómicas y predecir mutaciones, identificar genes relacionados con enfermedades y desarrollar terapias personalizadas.

2. **Finanzas**
    - **Predicción del Mercado**: Las redes neuronales se aplican en el análisis financiero para predecir tendencias del mercado, fluctuaciones de precios de acciones, y optimizar estrategias de inversión.
    - **Detección de Fraudes**: Las redes neuronales se utilizan en la detección de fraudes financieros, identificando patrones sospechosos en transacciones bancarias y tarjetas de crédito para prevenir actividades fraudulentas.

3. **Juegos**
    - **Juegos de Estrategia**: Las redes neuronales se utilizan en juegos de estrategia para desarrollar agentes de IA capaces de aprender y adaptarse a las tácticas del oponente, como en el ajedrez o el Go.
    - **Aprendizaje por Refuerzo**: Las redes neuronales se aplican en entornos de aprendizaje por refuerzo para entrenar agentes virtuales que pueden aprender a jugar juegos complejos de manera autónoma, como en juegos de video.

4. Procesamiento de Imágenes y Vídeo

- **Reconocimiento de Objetos**: Las redes neuronales se utilizan para el reconocimiento automático de objetos en imágenes y vídeos, aplicaciones de vigilancia y seguridad, y sistemas de vehículos autónomos.
- **Realidad Aumentada**: Las redes neuronales se emplean en aplicaciones de realidad aumentada para realizar seguimiento de objetos en tiempo real y superponer información digital en entornos físicos.

5. Robótica y Automatización

- **Control de Robots**: Las redes neuronales se utilizan en el control y la navegación de robots autónomos, permitiendo que los robots aprendan y adapten sus comportamientos en entornos cambiantes.
- **Visión Robótica**: Las redes neuronales se aplican en sistemas de visión robótica para reconocer y manipular objetos, así como para la inspección automática en líneas de producción.

Ejemplos Reales

1. **Google DeepMind AlphaGo**: Utilizó redes neuronales profundas para desarrollar un programa capaz de derrotar a campeones mundiales en el juego de mesa Go.
2. **Aplicaciones de Diagnóstico Médico por Imágenes**: Empresas como IBM y Microsoft utilizan redes neuronales para desarrollar sistemas de diagnóstico asistido por computadora que pueden detectar enfermedades en imágenes médicas.
3. **Asistentes Virtuales y Chatbots**: Empresas como Amazon, Google y Apple utilizan redes neuronales para mejorar la capacidad de sus

asistentes virtuales (Alexa, Google Assistant, Siri) para comprender y responder a las consultas de los usuarios.
4. **Tesla Autopilot**: Tesla utiliza redes neuronales en su sistema de conducción autónoma (Autopilot) para detectar obstáculos, señales de tráfico y peatones, y tomar decisiones de conducción seguras.

En resumen, las redes neuronales son herramientas poderosas que se utilizan en una amplia gama de aplicaciones y sectores, transformando industrias y permitiendo el desarrollo de sistemas inteligentes capaces de aprender y adaptarse a partir de datos. Su capacidad para modelar patrones complejos y realizar predicciones precisas ha revolucionado campos como la medicina, las finanzas, los juegos y la automatización.

Ejemplos Básicos de Redes Neuronales

Ejemplo: Clasificación de Frutas con una Neurona Artificial

Supongamos que representamos las características de la fruta de la siguiente manera:

Entradas (Features):

$x1$: Tamaño de la fruta (0 si es pequeña, 1 si es grande)
$x2$: Color de la fruta (0 si no es roja, 1 si es roja)

Establezcamos los pesos ($w1$, $w2$) y el sesgo (b) de la neurona de manera que pueda distinguir entre manzanas y otras frutas basándose en estas características.

Supongamos que los pesos y el sesgo se definen como:

$w1=0.5$ (peso para el tamaño)
$w2=0.8$ (peso para el color)
$b=-1.0$ (sesgo)

Función de Activación (Función Sigmoide):

Utilizaremos una función sigmoide como función de activación para esta neurona:

Sigmoid
$$\sigma(z) = \frac{1}{1 + e^{-z}}$$

Donde z es la entrada total a la neurona calculada como:

z=w1·x1+w2·x2+b

Clasificación de Frutas:

Ahora, clasificaremos una fruta con los siguientes atributos:

Tamaño: Pequeño (0)
Color: Rojo (1)

Calcular la Entrada Total (z):

z=0.5·0+0.8·1+(−1.0)

z=0.8−1.0 =−0.2

z=−0.2

Aplicar la Función de Activación (Sigmoid):

sigmoid(−0.2)=1+*e*0.21≈0.45

Interpretar la Salida:

La salida aproximada de la neurona es 0.45.

Como estamos haciendo una clasificación binaria, podemos establecer un umbral (por ejemplo, 0.5) para determinar la clase:

Si la salida ≥0.5≥0.5, clasificamos la fruta como una manzana.
Si la salida <0.5<0.5, clasificamos la fruta como no una manzana.

En este ejemplo básico, la neurona artificial actúa como un clasificador simple que utiliza dos características (tamaño y color) para determinar si una fruta es una manzana o no. A medida que ajustamos los pesos y el sesgo durante el entrenamiento, la neurona puede aprender a realizar esta tarea de clasificación de manera más precisa y generalizada.

Esta es una demostración muy simplificada del uso de una neurona artificial. En aplicaciones reales, las redes neuronales utilizan múltiples capas de neuronas interconectadas y funciones de activación más complejas para resolver problemas más desafiantes en el campo del aprendizaje automático e inteligencia artificial.

Ejemplo: Clasificación de Aprobación de Examen con una Neurona Artificial

Supongamos que representamos las características del estudiante de la siguiente manera:

- **Entradas (Features)**:
    - x_1: Horas de estudio (en horas)
    - x_2: Horas de sueño (en horas)

Establezcamos los pesos (w_1, w_2) y el sesgo (b) de la neurona de manera que pueda distinguir entre estudiantes que aprueban y no aprueban el examen basándose en estas características.

Supongamos que los pesos y el sesgo se definen como:

- $w_1 = 0.3$ (peso para las horas de estudio)
- $w_2 = 0.2$ (peso para las horas de sueño)
- $b = -8.0$ (sesgo)

Función de Activación (Función Sigmoide):

Utilizaremos una función sigmoide como función de activación para esta neurona:

$$\text{sigmoid}(z) = \frac{1}{1+e^{-z}}$$

Donde z es la entrada total a la neurona calculada como:

$z = w_1 \cdot x_1 + w_2 \cdot x_2 + b$

Clasificación de Aprobación de Examen:

Ahora, evaluaremos si un estudiante aprobará o no el examen con los siguientes atributos:

- Horas de estudio: 5 horas
- Horas de sueño: 7 horas

1. **Calcular la Entrada Total (z):**

    =0.3·5+0.2·7−8.0
    z=0.3·5+0.2·7−8.0 =1.5+1.4−8.0
    z=−5.1

2. **Aplicar la Función de Activación (Sigmoid):**

    sigmoid(−5.1)=1+e5.11≈0.006

3. **Interpretar la Salida:**

La salida aproximada de la neurona es 0.0060.006.

Podemos establecer un umbral (por ejemplo, 0.5) para determinar la clasificación:

Si la salida $\geq 0.5 \geq 0.5$, predicción de aprobación del examen.

Si la salida $<0.5<0.5$, predicción de no aprobación del examen.

En este ejemplo básico, la neurona artificial actúa como un clasificador simple que utiliza las horas de estudio y las horas de sueño como características para predecir si un estudiante aprobará o no un examen. A medida que ajustamos los pesos y el sesgo durante el entrenamiento, la neurona puede aprender a realizar esta tarea de clasificación con mayor precisión.

Ejercicios básicos.

Ejercicio 1: Suma Ponderada

Dado un conjunto de valores $x1, x2, x3$ y sus correspondientes pesos $w1, w2, w3$, calcula la suma ponderada z como:

$$z = w1 \times x1 + w2 \times x2 + w3 \times x3$$

Valores:
$x1=2, x2=3, x3=4$
$w1=0.5, w2=0.4, w3=0.3$

Calcula manualmente el valor de z.

Solución:

Dado: $x1=2, x2=3, x3=4 \quad w1=0.5, w2=0.4, w3=0.3$

Calculamos z utilizando la fórmula de suma ponderada:

$$z = w1 \times x1 + w2 \times x2 + w3 \times x3$$

Sustituimos los valores:

$z = (0.5 \times 2) + (0.4 \times 3) + (0.3 \times 4)$

Ahora realizamos las multiplicaciones y sumamos:

$z = (0.5 \times 2) + (0.4 \times 3) + (0.3 \times 4)$

$z = 1 + 1.2 + 1.2$

$z = 3.4$

Por lo tanto, el valor de z es 3.43.4.

Esto representa la suma ponderada de las entradas $x1$, $x2$, $x3$ con sus respectivos pesos $w1, w2, w3$.

Ejercicio 2: Suma y Sesgo

Dado un conjunto de valores $3x_1, x_2, x_3$ y sus correspondientes pesos w_1, w_2, w_3, junto con un sesgo b, calcula la entrada total z como:

$z = w_1 \times x_1 + w_2 \times x_2 + w_3 \times x_3 + b$

- Valores:
    - $x_1=1, x_2=-1, x_3=2$
    - $w_1=0.3, w_2=0.2, w_3=0.5$
    - $b=-0.1$

Calcula manualmente el valor de z.

Solución:

Dado:

$x_1=1, x_2=-1, x_3=2$

$w_1=0.3, w_2=0.2, w_3=0.5$

$b=-0.1$

Calculamos z utilizando la fórmula dada:

$z = w_1 \times x_1 + w_2 \times x_2 + w_3 \times x_3 + b$

Sustituimos los valores en la fórmula:

$z = (0.3 \times 1) + (0.2 \times (-1)) + (0.5 \times 2) + (-0.1)$

Realizamos las multiplicaciones y sumamos

$z = 0.3 - 0.2 + 1 - 0.1$

$z = 1.2 - 0.1$

$z = 1.1$

Por lo tanto, el valor de z es 1.11.1.

Esto representa la entrada total z calculada utilizando las entradas x_1, x_2, x_3, sus pesos w_1, w_2, w_3, y el sesgo b.

Ejercicio 3: Producto de Valor y Peso

Dado un valor x y un peso w, calcula el producto $x \times w$.

- Valor: $x=3$
- Peso: $w=0.4$

Calcula manualmente el producto $x \times w$.

Solución:

Dado:

$x=3$

$w=0.4$

Calculamos $x \times w$ de la siguiente manera:

$x \times w = 3 \times 0.4$

$x \times w = 1.2$

Por lo tanto, el resultado del producto $x \times w$ es 1.2.

Esto representa el resultado de multiplicar el valor x por el peso w.

Ejercicio 4: Suma de Productos

Dado un conjunto de valores x_1, x_2, x_3 y sus correspondientes pesos w_1, w_2, w_3, calcula la suma de productos S como:

$$S = w_1 \times x_1 + w_2 \times x_2 + w_3 \times x_3$$

Valores:
$x_1=1$, $x_2=2$, $x_3=3$
$w_1=0.5$, $w_2=0.3$, $w_3=0.2$

Calcula manualmente el valor de S.

Ejercicio 5: Salida con Valor Esperado

Supongamos que tenemos una neurona con la siguiente configuración:

- Entradas: $x1, x2$
- Pesos: $w1, w2$
- Sesgo: b

La salida y de la neurona se calcula como:

$$z = w1 \times x1 + w2 \times x2 + b$$

Y luego aplicamos una función de activación tipo escalón (step function) para obtener la salida y:

Ejercicio 6 : Cálculo de la Entrada Total z

Dado el siguiente conjunto de valores y parámetros:

- **Valores de Entrada**:

    - $x_1=1$
    - $x_2=-1$
    - $x_3=2$
- **Pesos**:

    - $w_1=0.3$
    - $w_2=0.2$
    - $w_3=0.5$
- **Sesgo**:

    - $b=-0.1$

Calcula la entrada total z utilizando la fórmula:

$$z = w_1 \times x_1 + w_2 \times x_2 + w_3 \times x_3 + b$$

Paso 1: Sustituir los Valores en la Fórmula

Sustituyamos los valores dados en la fórmula para calcular z:

$$z = (0.3 \times 1) + (0.2 \times (-1)) + (0.5 \times 2) + (-0.1)$$

Paso 2: Realizar las Operaciones de Multiplicación y Suma

Ahora, realizaremos las operaciones de multiplicación y suma:

$z = 0.3 + (-0.2) + 1.0 - 0.1$

Paso 3: Simplificar la Expresión

Simplifiquemos la expresión combinando términos similares:

$z = 0.3 - 0.2 + 1.0 - 0.1$

$z = 0.1 + 1.0 - 0.1$

$z = 1.0$

Resultado: Entrada Total z

Por lo tanto, la entrada total z calculada es 1.01.0.

Explicación del Resultado

La entrada total z representa la combinación lineal de las entradas x_1, x_2, x_3 ponderadas por sus respectivos pesos w_1, w_2, w_3, sumadas al sesgo b. En este caso:

$w_1 \times x_1 = 0.3 \times 1 = 0.3$

$w_2 \times x_2 = 0.2 \times (-1) = -0.2$

$w_3 \times x_3 = 0.5 \times 2 = 1.0$

Sesgo $b = -0.1$

Al sumar estos productos y el sesgo, obtenemos la entrada total z:

$z = 0.3 - 0.2 + 1.0 - 0.1 = 1.0$

La entrada total z es un valor numérico que representa la activación neta de la neurona antes de aplicar la función de activación. En aplicaciones prácticas de redes neuronales, esta entrada total se utiliza como entrada para la función de activación, que determina la salida final de la neurona.

Ejercicio 7: Suma Ponderada y Sesgo:

Calcula la entrada total z de una neurona dada una serie de valores de entrada ($x1, x2, x3$) y sus correspondientes pesos ($w1, w2, w3$) junto con un sesgo (b).

Cálculo de Entrada Z.

Dado:

- Valores de entrada: $x_1 = 2$, $x_2 = -1$, $x_3 = 3$
- Pesos: $w_1 = 0.4$, $w_2 = -0.2$, $w_3 = 0.5$
- Sesgo: $b = -0.3$

Calcula la entrada total z de la neurona.

Solución :

Para calcular z, utilizamos la fórmula:

$z = w_1 \times x_1 + w_2 \times x_2 + w_3 \times x_3 + b$

Sustituyendo los valores dados:

$z = (0.4 \times 2) + (-0.2 \times -1) + (0.5 \times 3) + (-0.3)$

$z = 0.8 + 0.2 + 1.5 - 0.3$

$z = 2.2$

Por lo tanto, la entrada total z es 2.2.

Ejercicio 8: Cálculo de Entrada Z

Dado:

- Valores de entrada: $x_1=1$, $x_2=0$, $x_3=-2$
- Pesos: $w_1=0.6$, $w_2=0.3$, $w_3=-0.4$
- Sesgo: $b=0.1$

Calcula la entrada total z de la neurona.

Solución :

Usando la fórmula de la entrada total z:

$z = w1 \times x1 + w2 \times x2 + w3 \times x3 + b$

Sustituyendo los valores dados:

$z = (0.6 \times 1) + (0.3 \times 0) + (-0.4 \times -2) + 0.1$

$z = 0.6 + 0 + 0.8 + 0.1$

$z = 1.5$

Por lo tanto, la entrada total z es 1.5.

Ejercicio 9: Cálculo de Entrada Z.

Dado:

- Valores de entrada: $x1=-3$, $x2=2$, $x3=1$
- Pesos: $w1=-0.5$, $w2=0.8$, $w3=-0.2$
- Sesgo: $b=-0.2$

Calcula la entrada total z de la neurona.

Solución :

Aplicando la fórmula de la entrada total z:

$z = w1 \times x1 + w2 \times x2 + w3 \times x3 + b$

Sustituyendo los valores dados:

$z = (-0.5 \times -3) + (0.8 \times 2) + (-0.2 \times 1) + (-0.2)$

$z = 1.5 + 1.6 - 0.2 - 0.2$

$z = 3.7$

Por lo tanto, la entrada total z es 3.7.

Ejercicios de Función de Activación Escalón:

Utiliza una función de activación tipo escalón para determinar la salida de una neurona basada en su entrada total z.

Ejercicio 10: Activación tipo Escalón.

Dada una neurona con una entrada total $z=2.0$ y un umbral $\theta=1.0$, utiliza una función de activación tipo escalón para determinar la salida a de la neurona.

Solución:

Para resolver este ejercicio, utilizaremos una función de activación tipo escalón para determinar la salida a de una neurona dada una entrada total z y un umbral θ.

Dada la información:

- Entrada total $z=2.0$
- Umbral : $\theta=1.0$

Utilizamos la función de activación tipo escalón de la siguiente manera:

$$\begin{cases} 1 & \text{si } z \geq \theta \\ 0 & \text{si } z < \theta \end{cases}$$

Ahora, sustituimos los valores proporcionados:

{1 si 2.0≥1.0 0 si 2.0<1.

Como 2.0 es mayor o igual a 1.0, entonces:

a=1

Por lo tanto, la salida *a* de la neurona, utilizando una función de activación tipo escalón con una entrada total *z*=2.0 y un umbral θ=1.0, es 1.

Operación AND con Neurona Perceptrón

Neurona Perceptrón:

Una neurona de tipo perceptrón es una unidad básica en las redes neuronales que toma múltiples entradas $x_1, x_2,...,x_n$, las pondera por sus respectivos pesos $w_1, w_2,...,w_n$, suma estos productos junto con un sesgo b, y luego aplica una función de activación para producir una salida a.

La operación matemática realizada por una neurona perceptrón se puede describir de la siguiente manera:

$$z=\sum_{i=1}^{n} w_i x_i + b$$

$$a=\sigma(z)$$

Donde:

- x_i son las entradas,
- w_i son los pesos asociados a cada entrada,
- b es el sesgo,
- z es la entrada total a la neurona,
- $\sigma(z)$ es la función de activación (usualmente una función escalón).

Implementación de Operación AND:

La operación lógica AND toma dos entradas binarias $x1$ y $x2$ (que pueden ser 00 o 11) y produce una salida y que es 11 solo si ambas entradas son 11, y 00 en cualquier otro caso.

Queremos que nuestra neurona perceptrón aprenda a emular esta operación lógica. Para hacer esto, podemos seleccionar los pesos $w1$ y $w2$ y el sesgo b de tal manera que la neurona pueda clasificar correctamente las entradas de acuerdo con la operación AND.

Elección de Pesos y Sesgo para la Operación AND:

Para implementar la operación AND con una neurona perceptrón, podemos seleccionar los siguientes valores:

- Pesos $w1=0.5$ y $w2=0.5$: Estos pesos dan igual importancia a ambas entradas $x1$ y $x2$.
- Sesgo $b=-0.7$: Este sesgo está diseñado para que la neurona tenga una salida 11 solo cuando ambas entradas $x1$ y $x2$ son 11.

En este caso, tenemos una neurona diseñada para realizar la operación lógica AND con dos entradas binarias ($x1$ y $x2$). Vamos a analizar cómo funciona esta neurona con los siguientes parámetros:

- Pesos: $w1=0.5$ y $w2=0.5$

- Sesgo: $b=-0.7$

Funcionamiento de la Neurona para la Operación AND:

1. **Cálculo de la Entrada Total (z):** La entrada total z se calcula como la combinación lineal de las entradas ponderadas más el sesgo:
   $z = w_1 \times x_1 + w_2 \times x_2 + b$
2. **Sustitución de los Valores de los Pesos y el Sesgo:**
   $z = 0.5 \times x_1 + 0.5 \times x_2 - 0.7$
3. **Aplicación de la Función de Activación (Escalón):** La neurona utiliza una función de activación tipo escalón para determinar su salida y:

$$\begin{cases} 1 & \text{si } z \geq 0 \\ 0 & \text{si } z < 0 \end{cases}$$

En este caso, el umbral θ se asume como 00 (valor predeterminado para una función de escalón).

Evaluación de la Salida:

- Si ambas entradas x_1 y x_2 son 1 (es decir, $x_1=1$ y $x_2=1$), entonces:
  $z = 0.5 \times 1 + 0.5 \times 1 - 0.7 = 1 - 0.7 = 0.3$
- Dado que z es mayor que 00, la salida y de la neurona será 1.
- Para cualquier otra combinación de entradas x_1 y x_2, la salida será 00:
    - Si $x_1=0$ y $x_2=1$, entonces
    - $z = 0.5 \times 0 + 0.5 \times 1 - 0.7 = 0.5 - 0.7 = -0.2$, y la salida y será 00.
    - Si $x_1=1$ y $x_2=0$, entonces

- $z=0.5\times1+0.5\times0-0.7=0.5-0.7=-0.2$, y la salida y será 0.
- Si $x1=0$ y $x2=0$, entonces
- $z=0.5\times0+0.5\times0-0.7=-0.7$, y la salida y será 0.

Conclusiones:

Esta neurona actúa como un clasificador binario que produce una salida de 11 solo cuando ambas entradas $x1$ y $x2$ son 11. El sesgo ($b=-0.7$) ajusta el umbral de decisión de la neurona, asegurando que la salida sea 11 solo cuando la combinación lineal de las entradas ponderadas excede un cierto valor crítico (en este caso, $z\geq0$). Este ejemplo demuestra cómo una neurona puede realizar una operación lógica AND simple utilizando pesos y un sesgo adecuados junto con una función de activación tipo escalón.

Tabla de Verdad para Operación AND:

Podemos verificar el funcionamiento de esta neurona con la operación AND utilizando una tabla de verdad:

x_1	x_2	Salida (a)
0	0	0
0	1	0
1	0	0
1	1	1

Conclusión:

En resumen, hemos visto cómo implementar la operación lógica AND utilizando una neurona de tipo perceptrón. Al seleccionar cuidadosamente los pesos $w1$, $w2$ y el sesgo b, podemos entrenar la neurona para que produzca la salida correcta de acuerdo con la operación AND para todas las combinaciones posibles de entradas $x1$ y $x2$. Este ejemplo ilustra cómo una sola neurona puede aprender a realizar una tarea de clasificación binaria simple.

Ejercicios de Operación AND con Neurona Perceptrón:

Implementa una neurona de tipo perceptrón para realizar la operación lógica AND con dos entradas binarias utilizando una función de activación tipo escalón.

Ejercicio 11: Operación Lógica AND.

Implementa una neurona de tipo perceptrón para realizar la operación lógica AND con dos entradas binarias $x1$ y $x2$. Utiliza los siguientes pesos y umbral:

- Peso $w1=1.0$
- Peso $w2=1.0$
- Umbral $\theta=1.5$

Calcula la salida a de la neurona para diferentes combinaciones de entradas $x1$ y $x2$.

Para implementar una neurona de tipo perceptrón que realice la operación lógica AND con dos entradas binarias $x1$ y $x2$, utilizando los pesos $w1=1.0$ y $w2=1.0$, y un umbral $\theta=1.5$, podemos seguir estos pasos:

Funcionamiento de la Neurona:

1. **Cálculo de la Entrada Total (z):** La entrada total z se calcula como la combinación lineal de las entradas ponderadas más el sesgo (umbral): $z = w_1 \times x_1 + w_2 \times x_2$
2. **Aplicación de la Función de Activación (Escalón):** La neurona utiliza una función de activación tipo escalón para determinar su salida y:
$$y = \begin{cases} 1 & \text{si } z \geq \theta \\ 0 & \text{si } z < \theta \end{cases}$$

Implementación en Python:

A continuación, te muestro cómo implementar esta neurona en Python:

```python
def perceptron_and(x1, x2):

    # Definir los pesos y el umbral
    w1 = 1.0
    w2 = 1.0
    theta = 1.5

    # Calcular la entrada total z
    z = w1 * x1 + w2 * x2

    # Aplicar la función de activación tipo escalón
```

```
    if z >= theta:

        return 1

    else:

        return 0


# Ejemplos de uso:

result1 = perceptron_and(0, 0)   # Salida esperada: 0 (0 AND 0 = 0)

result2 = perceptron_and(0, 1)   # Salida esperada: 0 (0 AND 1 = 0)

result3 = perceptron_and(1, 0)   # Salida esperada: 0 (1 AND 0 = 0)

result4 = perceptron_and(1, 1)   # Salida esperada: 1 (1 AND 1 = 1)


print("0 AND 0 =", result1)

print("0 AND 1 =", result2)

print("1 AND 0 =", result3)

print("1 AND 1 =", result4)
```

En este código, la función **perceptron_and(x1, x2)** implementa la neurona perceptrón para la operación lógica AND con los pesos $w1$=1.0 y $w2$=1.0 y el umbral θ=1.5. Luego, probamos la función con diferentes combinaciones de entradas $x1$ y $x2$ para verificar su funcionamiento.

Este ejemplo muestra cómo implementar una neurona de tipo perceptrón para realizar la operación lógica AND con dos entradas binarias utilizando pesos y un umbral específicos. La función de activación tipo escalón determina si la salida es 1 (verdadero) o 0 (falso) según la entrada total calculada.

Operación OR con Neurona Perceptrón:

Implementación de Operación OR:

La operación lógica OR toma dos entradas binarias $x1$ y $x2$ (que pueden ser 00 o 11) y produce una salida y que es 11 si al menos una de las entradas es 11, y 00 solo si ambas entradas son 00.

Queremos que nuestra neurona perceptrón aprenda a emular esta operación lógica. Para hacer esto, podemos seleccionar los pesos $w1$ y $w2$ y el sesgo b de tal manera que la neurona pueda clasificar correctamente las entradas de acuerdo con la operación OR.

Elección de Pesos y Sesgo para la Operación OR:

Para implementar la operación OR con una neurona perceptrón, podemos seleccionar los siguientes valores:

- Pesos $w1=1.0$ y $w2=1.0$: Estos pesos asignan igual importancia a ambas entradas $x1$ y $x2$.
- Sesgo $b=-0.5$: Este sesgo está diseñado para que la neurona tenga una salida 1 si al menos una de las entradas $x1$ o $x2$ es 1.

Funcionamiento de la Neurona para Operación OR:

Ejercicio 12: Operación Lógica OR con Neurona Perceptron.

Implementa una neurona de tipo perceptrón para realizar la operación lógica OR con dos entradas binarias utilizando una función de activación tipo escalón.

Implementa una neurona de tipo perceptrón para realizar la operación lógica OR con dos entradas binarias $x1$ y $x2$. Utiliza los siguientes pesos y umbral:

- Peso $w1=1.0$
- Peso $w2=1.0$
- Umbral $\theta=0.5$

Calcula la salida a de la neurona para diferentes combinaciones de entradas $x1$ y $x2$.

Solución:

Para implementar la operación lógica OR con una neurona perceptrón utilizando los valores dados, podemos seguir estos pasos:

Funcionamiento de la Neurona para la Operación OR:

1. **Cálculo de la Entrada Total (z):** La entrada total z se calcula como la combinación lineal de las entradas ponderadas más el sesgo:
2. $z = w1 \times x1 + w2 \times x2 + b$
3. **Aplicación de la Función de Activación (Escalón):** La neurona utiliza una función de activación tipo escalón para determinar su salida y:

$$\begin{cases} 1 & \text{si } z \geq \theta \\ 0 & \text{si } z < \theta \end{cases}$$

Donde θ es el umbral, y en este caso, usaremos $\theta=0$ para una función de escalón estándar.

Implementación en Python:

Vamos a implementar esta neurona en Python utilizando los pesos y el sesgo proporcionados:

```
def perceptron_or(x1, x2):

    # Definir los pesos y el sesgo

    w1 = 1.0
```

```python
    w2 = 1.0
    b = -0.5

    # Calcular la entrada total z
    z = w1 * x1 + w2 * x2 + b

    # Aplicar la función de activación tipo escalón
    if z >= 0:
        return 1
    else:
        return 0

# Ejemplos de uso:
result1 = perceptron_or(0, 0)   # Salida esperada: 0 (0 OR 0 = 0)
result2 = perceptron_or(0, 1)   # Salida esperada: 1 (0 OR 1 = 1)
result3 = perceptron_or(1, 0)   # Salida esperada: 1 (1 OR 0 = 1)
result4 = perceptron_or(1, 1)   # Salida esperada: 1 (1 OR 1 = 1)

print("0 OR 0 =", result1)
```

```
print("0 OR 1 =", result2)

print("1 OR 0 =", result3)

print("1 OR 1 =", result4)
```

En este código, la función **perceptron_or(x1, x2)** implementa la neurona perceptrón para la operación lógica OR con los pesos $w1=1.0$, $w2=1.0$ y el sesgo $b=-0.5$. Luego, probamos la función con diferentes combinaciones de entradas $x1$ y $x2$ para verificar su funcionamiento.

Este ejemplo muestra cómo implementar una neurona de tipo perceptrón para realizar la operación lógica OR con dos entradas binarias utilizando pesos y un sesgo específicos, junto con una función de activación tipo escalón. La función de activación determina si la salida es 11 (verdadero) o 00 (falso) según la entrada total calculada.

Tabla de Verdad para Operación OR:

Podemos verificar el funcionamiento de esta neurona con la operación OR utilizando una tabla de verdad:

x_1	x_2	Salida (a)
0	0	0
0	1	1
1	0	1
1	1	1

Conclusión:

En resumen, hemos visto cómo implementar la operación lógica OR utilizando una neurona de tipo perceptrón. Al seleccionar cuidadosamente los pesos $w1$, $w2$ y el sesgo b, podemos entrenar la neurona para que produzca la salida correcta de acuerdo con la operación OR para todas las combinaciones posibles de entradas $x1$ y $x2$. Este ejemplo ilustra cómo una sola neurona puede aprender a realizar una tarea de clasificación binaria simple como la operación OR.

Operación NOT con Neurona Perceptrón

Implementación de Operación NOT:

La operación lógica NOT toma una sola entrada binaria x (que puede ser 00 o 11) y produce una salida y que es 11 si la entrada es 00 y 00 si la entrada es 11. En otras palabras, la operación NOT invierte el valor de la entrada.

Para implementar la operación NOT con una neurona perceptrón, seleccionamos un peso w=-1.0 y un sesgo b=0.5. Estos valores están diseñados de manera que la neurona produzca la salida deseada para la operación NOT.

Tabla de Verdad para Operación NOT:

Podemos verificar el funcionamiento de esta neurona con la operación NOT utilizando una tabla de verdad:

x	Salida (a)
0	1
1	0

Conclusión:

En resumen, hemos visto cómo implementar la operación lógica NOT utilizando una neurona de tipo perceptrón. Al seleccionar cuidadosamente el peso w y el sesgo b, podemos entrenar la neurona para que produzca la salida correcta de acuerdo con la operación NOT para todas las posibles entradas binarias x. Este ejemplo ilustra cómo una sola neurona puede aprender a realizar una tarea de clasificación unaria simple como la operación NOT.

Ejercicio 13: Operación NOT con Neurona Perceptrón:

Implementa una neurona de tipo perceptrón para realizar la operación lógica NOT con una entrada binaria utilizando una función de activación tipo escalón.

Ejercicio:

Implementa una neurona de tipo perceptrón para realizar la operación lógica NOT con una entrada binaria x. Utiliza el siguiente peso y umbral:

- Peso $w=-1.0$
- Umbral $\theta=-0.5$

Calcula la salida a de la neurona para diferentes valores de la entrada x.

Solución:

Para implementar una neurona de tipo perceptrón que realice la operación lógica NOT con una entrada binaria x, utilizando el peso $w=-1.0$ y el umbral $\theta=-0.5$, podemos seguir estos pasos:

Funcionamiento de la Neurona para la Operación NOT:

Implementación en Python:

A continuación, te mostraré cómo implementar esta neurona en Python para la operación lógica NOT:

```
def perceptron_not(x):

    # Definir el peso y el umbral

    w = -1.0

    theta = -0.5


    # Calcular la entrada total z

    z = w * x


    # Aplicar la función de activación tipo escalón

    if z >= theta:

        return 1

    else:

        return 0


# Ejemplos de uso:

input_values = [0, 1]
```

```
for x in input_values:
    result = perceptron_not(x)
    print(f"NOT {x} =", result)
```

En este código, la función **perceptron_not(x)** implementa la neurona perceptrón para la operación lógica NOT con el peso *w*=-1.0 y el umbral θ=-0.5. Luego, probamos la función con diferentes valores de entrada *x* (0 y 1) para verificar su funcionamiento.

Este ejemplo muestra cómo implementar una neurona de tipo perceptrón para realizar la operación lógica NOT con una entrada binaria utilizando un peso y un umbral específicos, junto con una función de activación tipo escalón. La función de activación determina si la salida es 11 (verdadero) o 00 (falso) según la entrada total calculada.

Combinaciones Lógicas (XOR):

Neurona Perceptrón y Operaciones Lógicas Básicas:

Una neurona de tipo perceptrón realiza una clasificación lineal, lo que significa que puede aprender a separar dos clases utilizando una línea o hiperplano en un espacio de características. Las operaciones lógicas básicas como AND y OR son linealmente separables, lo que permite implementarlas con una sola neurona. Sin embargo, la operación XOR no es linealmente separable y requiere más de una neurona para ser representada.

Implementación de la Operación XOR:

La operación XOR puede ser implementada utilizando una red neuronal con múltiples capas, como una red neuronal feedforward (perceptrón multicapa). En una red neuronal feedforward, las capas están organizadas en una secuencia lineal: capa de entrada, una o más capas ocultas y una capa de salida.

Arquitectura de una Red Neuronal XOR:

1. **Capa de Entrada**: Toma las dos entradas binarias $x1$ y $x2$.
2. **Capas Ocultas**: Una o más capas ocultas con unidades neuronales (neuronas) que aplican una función de activación no lineal (como la función sigmoidal o la función ReLU) a la entrada ponderada más el sesgo.

3. **Capa de Salida**: Una única neurona de salida que toma las salidas de las capas ocultas y produce la salida final y.

Implementación de la Red Neuronal para XOR:

1. **Capa de Entrada**: Dos neuronas para las entradas $x1$ y $x2$.
2. **Capa Oculta**: Dos neuronas en una capa oculta, cada una con pesos y sesgos aprendidos durante el entrenamiento.
3. **Capa de Salida**: Una neurona de salida con pesos y sesgo aprendidos.

Funcionamiento de la Red Neuronal XOR:

Durante el entrenamiento, la red neuronal aprende los pesos y sesgos óptimos que permiten aproximar la función XOR. Esto se logra mediante el proceso de retropropagación (backpropagation), donde se ajustan los parámetros de la red para minimizar una función de pérdida que cuantifica el error entre las salidas predichas y las salidas reales.

Tabla de Verdad para Operación XOR:

La tabla de verdad para la operación XOR es la siguiente:

x_1	x_2	y
0	0	0
0	1	1
1	0	1
1	1	0

Conclusión:

En resumen, la operación lógica XOR es un ejemplo que ilustra la necesidad de redes neuronales más complejas para representar relaciones no lineales entre variables. La implementación de la operación XOR requiere una red neuronal con al menos una capa oculta para poder aproximar con precisión esta función lógica. Este ejemplo demuestra la capacidad de las redes neuronales multicapa para aprender y representar funciones más complejas que no son linealmente separables.

Ejercicio 14: Combinaciones Lógicas (XOR):

Explora por qué una neurona de tipo perceptrón no puede resolver la operación lógica XOR (exclusivo OR) y discute la necesidad de capas ocultas.

Solución:

El problema con la operación lógica XOR (exclusivo OR) es que no puede ser resuelto por una única neurona de tipo perceptrón debido a su naturaleza no lineal. El XOR es un problema no linealmente separable, lo que significa que no se puede trazar una línea recta (o hiperplano) para separar las dos clases de datos (0 y 1) de manera efectiva en el espacio de entrada.

Para resolver el XOR y problemas más complejos, es necesaria la introducción de capas ocultas en una red neuronal, lo que permite la creación de representaciones no lineales más sofisticadas de los datos. Aquí te proporcionaré un ejercicio simple que muestra por qué una única neurona de tipo perceptrón no puede resolver el XOR y cómo una red neuronal con capas ocultas puede hacerlo.

Ejercicio: Operación Lógica XOR con Red Neuronal

Considera el siguiente problema de clasificación XOR:

Entrada (x1)	Entrada (x2)	Salida (y)
0	0	0
0	1	1
1	0	1
1	1	0

Solución con Neurona Perceptrón (Una Capa)

Intentemos usar una única neurona de tipo perceptrón para resolver el XOR con los siguientes pesos y umbral:

- **Pesos:** $w1=1.0$, $w2=1.0$
- **Umbral:** $\theta=1.0$

Paso 1: Cálculo de la Salida (y) para cada Entrada

Para una neurona de tipo perceptrón, la salida (y) se calcula como:

$$z = w_1 \times x_1 + w_2 \times x_2$$

$$\begin{cases} 1 & \text{si } z \geq \theta \\ 0 & \text{si } z < \theta \end{cases}$$

Ejemplo de Cálculo:

1. Para $x_1 = 0$ y $x_2 = 0$:
$z = 1.0 \times 0 + 1.0 \times 0 = 0$

$$\begin{cases} 1 & \text{si } 0 \geq 1.0 \\ 0 & \text{si } 0 < 1.0 \end{cases}$$

$y = 0$

2. Para $x_1 = 0$ y $x_2 = 1$:
$z = 1.0 \times 0 + 1.0 \times 1 = 1$

$$\begin{cases} 1 & \text{si } 1 \geq 1.0 \\ 0 & \text{si } 1 < 1.0 \end{cases}$$

$y = 1$

3. Para $x_1 = 1$ y $x_2 = 0$:
$z = 1.0 \times 1 + 1.0 \times 0 = 1$

$$\begin{cases} 1 & \text{si } 1 \geq 1.0 \\ 0 & \text{si } 1 < 1.0 \end{cases}$$

$y = 1$

4. Para $x_1 = 1$ y $x_2 = 1$:
$z = 1.0 \times 1 + 1.0 \times 1 = 2$

$$\begin{cases} 1 & \text{si } 2 \geq 1.0 \\ 0 & \text{si } 2 < 1.0 \end{cases}$$

$y = 1$

Análisis de Resultados

Observa que una única neurona de tipo perceptrón no puede resolver el XOR correctamente debido a que no puede separar las clases de datos de manera lineal. La clasificación requerida para el XOR es no linealmente separable en el espacio de entrada.

Necesidad de Capas Ocultas

Para resolver el XOR y problemas similares, se requieren capas ocultas en una red neuronal (por ejemplo, una red neuronal feedforward con una capa oculta y una función de activación no lineal como la sigmoidal). Las capas ocultas permiten a la red aprender representaciones más complejas y no lineales de los datos, lo que le permite resolver problemas que no son linealmente separables.

Aprendizaje con Descenso de Gradiente:

Concepto Básico del Descenso de Gradiente:

El descenso de gradiente es un algoritmo de optimización utilizado para encontrar los valores óptimos de los parámetros de un modelo que minimizan una función de pérdida. La idea principal es ajustar iterativamente los parámetros en la dirección opuesta al gradiente de la función de pérdida con respecto a esos parámetros.

Proceso del Descenso de Gradiente:

1. **Inicialización de Parámetros**: Comienza con una inicialización aleatoria de los parámetros del modelo (por ejemplo, los pesos y sesgos de una red neuronal).
2. **Cálculo de la Función de Pérdida**: Utiliza los parámetros actuales del modelo para calcular el valor de la función de pérdida, que es una medida del error entre las salidas predichas y las salidas reales en el conjunto de datos de entrenamiento.
3. **Cálculo del Gradiente**: Calcula el gradiente de la función de pérdida con respecto a cada parámetro del modelo. El gradiente indica la dirección y la magnitud del cambio más pronunciado de la función de pérdida en el espacio de parámetros.
4. **Actualización de Parámetros**: Ajusta los parámetros del modelo en la dirección opuesta al gradiente multiplicado por una tasa de aprendizaje (a). Esta actualización se realiza iterativamente para mover los parámetros hacia los valores que minimizan la función de pérdida.

La fórmula de actualización típica es: $\theta := \theta - \alpha \nabla_\theta J(\theta)$ Donde:
- θ son los parámetros del modelo (por ejemplo, los pesos y sesgos),
- α es la tasa de aprendizaje que controla la magnitud de la actualización,
- $J(\theta)$ es la función de pérdida,
- $\nabla_\theta J(\theta)$ es el gradiente de la función de pérdida con respecto a los parámetros θ.

5. **Iteración**: Repite los pasos 2 a 4 hasta que se alcance un criterio de detención, como un número fijo de iteraciones o cuando la función de pérdida converja a un valor mínimo.

Tasa de Aprendizaje (α):

La tasa de aprendizaje (α) es un hiperparámetro crítico en el descenso de gradiente que controla qué tan grande son los pasos de actualización de los parámetros en cada iteración. Una tasa de aprendizaje demasiado alta puede llevar a oscilaciones o divergencia, mientras que una tasa de aprendizaje demasiado baja puede hacer que el proceso de optimización sea lento.

Variaciones del Descenso de Gradiente:

Existen diferentes variaciones del descenso de gradiente, como el descenso de gradiente estocástico (SGD), el descenso de gradiente mini batch y métodos más avanzados como el descenso de gradiente con momentum o el algoritmo de Adam, que incorporan técnicas adicionales para mejorar la convergencia y la eficiencia del entrenamiento.

Conclusión:

En resumen, el descenso de gradiente es un algoritmo fundamental en el entrenamiento de modelos de machine learning, incluyendo redes neuronales. Permite ajustar iterativamente los parámetros del modelo en función de la información de error, moviéndolos hacia los valores que minimizan una función de pérdida. Es crucial entender el descenso de gradiente para entrenar efectivamente modelos de aprendizaje automático y optimizar su rendimiento en diferentes tareas.

Aprendizaje con Descenso de Gradiente:

Entiende el concepto básico del descenso de gradiente y cómo se utiliza para entrenar una red neuronal de una capa en una tarea de clasificación.

Ejercicio 15: Entrenamiento de una Red Neuronal con Descenso de Gradiente

Supongamos que queremos entrenar una red neuronal de una capa para clasificar dos tipos de datos (clase 0 y clase 1) usando el descenso de gradiente para optimizar los pesos.

Paso 1: Definir la Red Neuronal y la Función de Activación

Para este ejercicio, consideremos una red neuronal de una capa con una función de activación sigmoide para la clasificación binaria.

- **Arquitectura de la Red:**
    - Una neurona de entrada (x).
    - Una neurona de salida (y) con función de activación sigmoide.

Paso 2: Inicializar los Pesos y el Sesgo

- **Pesos y Sesgo:**
    - Inicializamos el peso (w) y el sesgo (b) de manera aleatoria o con valores iniciales específicos.

Paso 3: Definir la Función de Pérdida (Loss Function)

Función de Pérdida (Binary Cross-Entropy):

$L(y,\hat{y}) = -[y\log(\hat{y}) + (1-y)\log(1-\hat{y})]$

Donde:
- y es la etiqueta verdadera (0 o 1).
- $\hat{y}$ es la predicción de la red neuronal (salida de la función sigmoide).

Paso 4: Implementar el Descenso de Gradiente

- **Actualización de Pesos y Sesgo:** Utilizamos el descenso de gradiente para minimizar la función de pérdida.
- $w := w - \alpha \partial_w \partial L$
- $b := b - \alpha \partial_b \partial L$
- Donde α es la tasa de aprendizaje.

Paso 5: Iterar sobre los Datos de Entrenamiento

- **Iteración de Entrenamiento:**
    - Para cada ejemplo en el conjunto de entrenamiento:
        1. Calculamos la salida de la red neuronal ($\hat{y}$) usando los pesos actuales.
        2. Calculamos la pérdida (L) entre la salida predicha y la etiqueta verdadera.
        3. Calculamos las derivadas parciales de la función de pérdida con respecto a los pesos y el sesgo.

4. Actualizamos los pesos y el sesgo utilizando el descenso de gradiente.
- Repetimos este proceso durante varias épocas (iteraciones).

Paso 6: Evaluación del Rendimiento

- **Evaluar el Rendimiento:**
    - Una vez entrenada la red neuronal, evaluamos su rendimiento en un conjunto de datos de prueba para medir su precisión de clasificación.

Este ejercicio proporciona una idea básica de cómo funciona el descenso de gradiente para entrenar una red neuronal de una capa en una tarea de clasificación. La idea principal es ajustar iterativamente los pesos y el sesgo para minimizar la función de pérdida y mejorar el rendimiento de la red en la tarea de clasificación.

Función de Pérdida y Optimización:

Función de Pérdida:

La función de pérdida (loss function) es una medida que cuantifica la discrepancia entre las salidas predichas por un modelo de machine learning y las salidas reales (etiquetas) correspondientes en un conjunto de datos de entrenamiento. El objetivo principal de la función de pérdida es proporcionar una medida objetiva de qué tan bien está realizando el modelo en una tarea específica.

Propósito de la Función de Pérdida:

El propósito de la función de pérdida es guiar el proceso de optimización durante el entrenamiento del modelo. La optimización implica ajustar los parámetros del modelo para minimizar la función de pérdida, lo que lleva a un modelo que generaliza bien a nuevos datos (es decir, que puede hacer predicciones precisas sobre datos no vistos).

Características de una Buena Función de Pérdida:

- **Diferenciable**: La función de pérdida debe ser diferenciable con respecto a los parámetros del modelo, lo que permite utilizar métodos de optimización basados en el gradiente, como el descenso de gradiente.
- **Interpretación Clara**: La función de pérdida debe reflejar el objetivo específico de la tarea de aprendizaje automático (por ejemplo,

minimizar el error en la clasificación, minimizar la diferencia en la regresión).
- **Adecuada para la Tarea**: La función de pérdida debe ser adecuada para la tarea específica que se está abordando. Por ejemplo, para la clasificación binaria, la pérdida cruzada binaria (binary cross-entropy) es comúnmente utilizada, mientras que para la regresión se puede utilizar el error cuadrático medio (mean squared error).

Ejemplos de Funciones de Pérdida Comunes:

1. **Pérdida Cruzada Binaria (Binary Cross-Entropy)**: Utilizada para problemas de clasificación binaria: $L(y,\hat{y}) = -(y\log(\hat{y}) + (1-y)\log(1-\hat{y}))$
   Donde:
   - y es la etiqueta verdadera (0 o 1),
   - $\hat{y}$ es la probabilidad predicha por el modelo.
2. **Error Cuadrático Medio (Mean Squared Error)**: Utilizada para problemas de regresión: $L(y,\hat{y}) = \frac{1}{n}\sum_{i=1}^{n}(y_i - \hat{y}_i)^2$
3. Donde:
   - y_i son los valores reales,
   - $\hat{y}_i$ son los valores predichos por el modelo.

Optimización con Funciones de Pérdida:

La optimización implica ajustar los parámetros del modelo para minimizar la función de pérdida utilizando métodos como el descenso de gradiente. Durante el proceso de entrenamiento, los parámetros del modelo se actualizan iterativamente en la dirección que reduce la función de pérdida, lo que lleva a un modelo que se ajusta mejor a los datos de entrenamiento y generaliza bien a datos no vistos.

Conclusión:

La función de pérdida es esencial en el entrenamiento de modelos de machine learning, incluyendo redes neuronales. Proporciona una medida cuantitativa de qué tan bien está realizando el modelo en una tarea específica y guía el proceso de optimización para ajustar los parámetros del modelo. Seleccionar la función de pérdida adecuada es crucial para el éxito del modelo en diferentes tareas de aprendizaje automático.

Ejercicio de Función de Pérdida y Optimización:

Clasificación Binaria con Perceptrón

Concepto de Clasificación Binaria:

La clasificación binaria es una tarea de aprendizaje supervisado en la que se asigna una de dos etiquetas posibles a cada instancia de entrada. Por ejemplo, en un problema de detección de spam en correos electrónicos, la tarea de clasificación binaria implica predecir si un correo electrónico es spam (etiqueta positiva) o no es spam (etiqueta negativa) en función de sus características (como el contenido del correo electrónico, el remitente, etc.).

Estructura del Perceptrón para Clasificación Binaria:

Un perceptrón utilizado para la clasificación binaria consta de los siguientes componentes:

1. **Entradas ($x_1, x_2, ..., x_n$)**: Son las características de entrada de la instancia que se desea clasificar.
2. **Pesos ($w_1, w_2, ..., w_n$)**: Son parámetros ajustables que ponderan la importancia de cada característica de entrada.
3. **Suma Ponderada (z)**: Es la combinación lineal de las entradas y los pesos, incluido un sesgo (b) $z=\sum_{i=1}^{n} w_i x_i + b$
4. **Función de Activación (Step Function)**: En el contexto de la clasificación binaria con un perceptrón, se utiliza una función de activación tipo escalón (step function) para convertir la suma ponderada (z) en una etiqueta de clase.

Proceso de Entrenamiento:

Durante el entrenamiento del perceptrón para clasificación binaria, los pesos (w) y el sesgo (b) se ajustan utilizando un algoritmo de aprendizaje supervisado, como el descenso de gradiente, para minimizar una función de pérdida específica, como la pérdida cruzada binaria (binary cross-entropy).

El objetivo es encontrar los valores óptimos de los pesos y el sesgo que permitan al perceptrón hacer predicciones precisas sobre nuevas instancias de entrada, minimizando así la discrepancia entre las predicciones del modelo y las etiquetas reales en el conjunto de datos de entrenamiento.

Ejemplo de Aplicación:

Un ejemplo típico de clasificación binaria con un perceptrón sería predecir si un tumor es maligno (1) o benigno (0) en función de sus características, como tamaño, forma, etc. El perceptrón aprendería a asignar una etiqueta (maligno o benigno) a cada instancia de entrada en función de estas características.

Conclusión:

En resumen, la clasificación binaria con un perceptrón implica entrenar un modelo para realizar una tarea de clasificación entre dos clases distintas utilizando características de entrada ponderadas. Es un concepto fundamental en el campo del aprendizaje automático y sienta las bases para modelos más complejos, como las redes neuronales multicapa, utilizadas para problemas de clasificación más desafiantes.

Ejercicios de Clasificación Binaria con Perceptrón:

Implementa un perceptrón para realizar la clasificación binaria (por ejemplo, clasificación de imágenes en blanco y negro).

Ejercicio:

Implementación de un Perceptrón para Clasificación Binaria

Supongamos que queremos clasificar imágenes en blanco y negro en dos categorías: "0" y "1". Cada imagen es representada por un vector de características (píxeles) y una etiqueta de clase (0 o 1).

Pasos de la Implementación:

1. **Inicialización de Pesos y Sesgo:**
    - Inicializamos los pesos (w) de manera aleatoria o con valores iniciales específicos.
    - Inicializamos el sesgo (b) con un valor inicial.
2. **Función de Activación (Step Function):**
    - Definimos una función de activación escalón que determinará la salida de la neurona:

$$\begin{cases} 1 & \text{si } z \geq 0 \\ 0 & \text{si } z < 0 \end{cases}$$

donde $z = \sum_{i=1}^{n} w_i x_i + b$ es la entrada total a la neurona.

3. **Entrenamiento del Perceptrón:**
   - Iteramos sobre el conjunto de entrenamiento:
     - Para cada imagen x con su etiqueta de clase y:
       - Calculamos la entrada total
       - $z=\sum_{i=1}^{n} w_i x_i + b$.
       - Aplicamos la función de activación $\hat{y}=f(z)$.
       - Calculamos el error entre la salida predicha $\hat{y}$ y la etiqueta verdadera y.
       - Actualizamos los pesos (w) y el sesgo (b) utilizando el descenso de gradiente para minimizar el error.
4. **Predicción de Nuevas Imágenes:**
   - Una vez que el perceptrón ha sido entrenado, podemos usarlo para predecir la clase de nuevas imágenes:
     - Dada una nueva imagen x:
       - Calculamos la entrada total $z=\sum_{i=1}^{n} w_i x_i + b$.
       - Aplicamos la función de activación $\hat{y}=f(z)$ para obtener la predicción.

Ejemplo de Implementación en Python:

A continuación, te muestro un ejemplo simple de implementación de un perceptrón en Python para la clasificación binaria:

```
import numpy as np


class Perceptron:

    def __init__(self, num_features):

        self.weights = np.random.rand(num_features)

        self.bias = np.random.rand()


    def activation_function(self, z):

        return 1 if z >= 0 else 0


    def predict(self, x):

        z = np.dot(self.weights, x) + self.bias

        return self.activation_function(z)
```

```python
    def train(self, X_train, y_train, learning_rate=0.1, epochs=100):
        for epoch in range(epochs):
            for x, y in zip(X_train, y_train):
                prediction = self.predict(x)
                error = y - prediction
                self.weights += learning_rate * error * x
                self.bias += learning_rate * error
```

En este ejemplo, **num_features** representa el número de características (píxeles) en cada imagen de entrada. **X_train** es una matriz de características de entrenamiento, y **y_train** es una lista de etiquetas de clase correspondientes. La función **train** se utiliza para entrenar el perceptrón ajustando los pesos y el sesgo mediante el descenso de gradiente.

Este ejemplo ilustra cómo implementar un perceptrón básico para realizar la clasificación binaria. Para problemas más complejos y datos de entrada de mayor dimensionalidad, se recomienda utilizar redes neuronales más avanzadas con capas ocultas.

Recomendaciones Generales

- Realiza cada ejercicio paso a paso, asegurándote de comprender completamente cada concepto antes de pasar al siguiente.
- Experimenta con diferentes configuraciones y parámetros para entender cómo afectan al comportamiento de las redes neuronales.
- Utiliza herramientas como papel y lápiz para realizar cálculos manuales y comprobar tus resultados.
- A medida que avanzas en la serie de ejercicios, podrás profundizar en conceptos más avanzados y aplicaciones prácticas de redes neuronales.

Capítulo 8: Futuro de las Redes Neuronales

Tendencias emergentes en el campo de las redes neuronales, como redes neuronales generativas (GANs) y redes neuronales cuánticas.

En el campo de las redes neuronales y el aprendizaje profundo, existen varias tendencias emergentes que están impulsando nuevas áreas de investigación y aplicaciones innovadoras. Dos de las tendencias más destacadas son las Redes Neuronales Generativas (GANs, Generative Adversarial Networks) y las Redes Neuronales Cuánticas. A continuación, exploraremos cada una de estas tendencias:

Redes Neuronales Generativas (GANs)

Las Redes Neuronales Generativas (GANs) son un tipo especializado de arquitecturas de redes neuronales diseñadas para generar datos sintéticos realistas, como imágenes, audio o texto, que son indistinguibles de los datos reales. Las GANs consisten en dos redes neuronales enfrentadas entre sí: el generador y el discriminador, que compiten en un proceso de aprendizaje adversarial. Algunos aspectos clave de las GANs incluyen:

- **Generador**: La red generadora aprende a crear datos sintéticos que son lo más similares posible a los datos reales. Su objetivo es engañar al discriminador para que clasifique los datos generados como reales.
- **Discriminador**: La red discriminadora aprende a distinguir entre datos reales y datos generados por el generador. Su objetivo es identificar y clasificar correctamente los datos como reales o sintéticos.

Aplicaciones de las GANs:

- **Síntesis de Imágenes y Vídeo**: Las GANs se utilizan para generar imágenes y vídeos realistas, como la creación de caras de personas que no existen o la animación de personajes.
- **Mejora y Restauración de Imágenes**: Las GANs pueden utilizarse para mejorar la calidad de las imágenes, corregir imperfecciones y restaurar detalles perdidos en imágenes dañadas.
- **Creación de Contenido Creativo**: Las GANs pueden generar arte, música y texto de forma creativa, permitiendo la creación de contenido único y original.

Redes Neuronales Cuánticas

Las Redes Neuronales Cuánticas son un área emergente que explora la intersección entre el aprendizaje profundo y la computación cuántica. Estas redes neuronales utilizan principios de la mecánica cuántica para realizar cálculos y operaciones de manera más eficiente y poderosa que las computadoras clásicas. Algunos aspectos clave de las Redes Neuronales Cuánticas incluyen:

- **Qubits y Superposición**: Las Redes Neuronales Cuánticas utilizan qubits (bits cuánticos) en lugar de bits clásicos, permitiendo la superposición de estados y el procesamiento paralelo de información.
- **Entrelazamiento Cuántico**: Las Redes Neuronales Cuánticas pueden aprovechar el entrelazamiento cuántico para realizar operaciones altamente correlacionadas y complejas.

Aplicaciones de las Redes Neuronales Cuánticas:

- **Optimización y Búsqueda**: Las Redes Neuronales Cuánticas pueden utilizarse para resolver problemas de optimización y búsqueda de manera más eficiente, como en el diseño de fármacos o la planificación logística.
- **Modelado de Sistemas Cuánticos**: Las Redes Neuronales Cuánticas pueden modelar sistemas físicos cuánticos de manera precisa y eficiente, facilitando la simulación y comprensión de fenómenos cuánticos.
- **Aprendizaje Profundo Cuántico**: La combinación de aprendizaje profundo y computación cuántica promete abrir nuevas posibilidades en el procesamiento de información y el análisis de datos.

Tendencias y Futuro

Ambas tendencias, las Redes Neuronales Generativas y las Redes Neuronales Cuánticas, representan áreas de investigación activa y prometen impulsar avances significativos en inteligencia artificial y computación. Las GANs están revolucionando la generación de contenido creativo y la simulación de datos sintéticos realistas, mientras que las Redes Neuronales Cuánticas están abriendo nuevas fronteras en el procesamiento de información y la resolución de problemas complejos. El futuro de las redes neuronales continuará evolucionando con la convergencia de múltiples disciplinas, incluyendo la computación cuántica, la biología computacional y la robótica, impulsando así la próxima era de la inteligencia artificial.

Desafíos y oportunidades futuras en la investigación de redes neuronales.

La investigación en redes neuronales ha avanzado significativamente en las últimas décadas, pero aún enfrenta varios desafíos y presenta oportunidades emocionantes para el futuro. Estos desafíos y oportunidades están impulsando el desarrollo de nuevas técnicas, arquitecturas y aplicaciones en el campo del aprendizaje profundo. A continuación, exploraremos algunos de los desafíos y oportunidades futuras en la investigación de redes neuronales:

Desafíos en la Investigación de Redes Neuronales

Interpretabilidad y Transparencia:

- Las redes neuronales profundas suelen considerarse como "cajas negras" debido a su complejidad y falta de interpretabilidad. El desafío radica en desarrollar métodos efectivos para comprender cómo y por qué las redes toman decisiones.

Generalización y Robustez:

- Las redes neuronales pueden ser propensas a sobreajustar (overfitting) los datos de entrenamiento, lo que limita su capacidad para generalizar a nuevos datos o escenarios. Mejorar la robustez y la generalización es clave para aplicaciones del mundo real.

Eficiencia Computacional:

- Las arquitecturas de redes neuronales profundas suelen ser computacionalmente intensivas y requieren grandes cantidades de datos y potencia de cálculo. Optimizar la eficiencia computacional es esencial para el despliegue práctico en dispositivos móviles y sistemas embebidos.

Aprendizaje con Datos Limitados:

- El aprendizaje profundo requiere grandes cantidades de datos etiquetados para alcanzar un rendimiento óptimo. Desarrollar técnicas de aprendizaje con datos limitados (few-shot learning) y transferencia de conocimientos es crucial.

Ética y Sesgos en los Datos:

- Las redes neuronales pueden reflejar y amplificar los sesgos presentes en los datos de entrenamiento. Abordar la ética y los sesgos en el aprendizaje automático es fundamental para garantizar aplicaciones justas y equitativas.

Oportunidades Futuras en la Investigación de Redes Neuronales

Aprendizaje Multimodal:

- Integrar múltiples modalidades de datos (como imágenes, texto y audio) en un solo modelo para abordar tareas complejas de manera más holística.

Aprendizaje No Supervisado y Autónomo:

- Avanzar en técnicas de aprendizaje no supervisado y autónomo para descubrir patrones subyacentes en datos sin etiquetar y facilitar la creación de sistemas de IA más adaptables y autónomos.

Redes Neuronales Híbridas:

- Investigar arquitecturas híbridas que combinen redes neuronales con otros enfoques de aprendizaje automático, como métodos simbólicos o probabilísticos.

Privacidad y Seguridad:

- Desarrollar técnicas para preservar la privacidad y la seguridad de los datos en modelos de redes neuronales, especialmente en entornos sensibles como la salud y la seguridad.

Computación Cuántica y Neuromórfica:

- Explorar las sinergias entre redes neuronales y nuevas tecnologías como la computación cuántica y neuromórfica para mejorar el rendimiento y la eficiencia de los modelos.

Colaboración Interdisciplinaria

Para abordar estos desafíos y aprovechar estas oportunidades, la investigación en redes neuronales se está volviendo cada vez más interdisciplinaria, combinando conocimientos de neurociencia, matemáticas, ciencias de la computación, ética y otras disciplinas. La colaboración entre investigadores, instituciones académicas, la industria y la sociedad en su conjunto será fundamental para impulsar el campo hacia adelante y hacer realidad el potencial transformador de las redes neuronales en nuestras vidas.

www.ingramcontent.com/pod-product-compliance
Lightning Source LLC
Chambersburg PA
CBHW082204220526
45470CB00010B/3041